教育回家

社会转型与现代学校的价值重建

修订版

吴国通 王晓燕 著

中国发展出版社
CHINA DEVELOPMENT PRESS

图书在版编目（CIP）数据

教育回家：社会转型与现代学校的价值重建（修订版）/吴国通，王晓燕著. —北京：中国发展出版社，2015.9（2019.1 重印）

ISBN 978－7－5177－0384－6

Ⅰ.①教… Ⅱ.①吴… ②王… Ⅲ.①中小学教育—教育研究 Ⅳ.①G632.0

中国版本图书馆 CIP 数据核字（2015）第 205930 号

书　　名：教育回家：社会转型与现代学校的价值重建（修订版）
著作责任者：吴国通　王晓燕
出 版 发 行：中国发展出版社
（北京市西城区百万庄大街 16 号 8 层　100037）
标 准 书 号：ISBN 978－7－5177－0384－6
经　销　者：各地新华书店
印　刷　者：三河市东方印刷有限公司
开　　本：880mm×1230mm　1/32
印　　张：10.625
字　　数：205 千字
版　　次：2015 年 9 月第 1 版
印　　次：2019 年 1 月第 3 次印刷
定　　价：48.00 元

联 系 电 话：（010）68990642　68990692
购 书 热 线：（010）68990682　68990686
网 络 订 购：http：//zgfzcbs.tmall.com//
网 购 电 话：（010）68990639　88333349
本 社 网 址：http：//www.develpress.com.cn
电 子 邮 件：forkids@sina.cn

吴国通，生于 1945 年，任教师 25 年，做校长 28 年。

1994 年任北京小学校长，从整体构建全面推进了学校的现代化发展，完成了校园的建设与布局、重建了寄宿教育的宗旨与服务方式、整合优质资源扩大服务范围，先后兴办了 9 所北京小学的分校。

2010 年从北京小学退出后，协助“北京小学翡翠城分校”张文凤校长办学；还受聘于成都成华区教育局，协助“成都石室小学”曾蓉校长办学。2016 年出任北京大兴区校长工作室导师，现任北京小学大兴分校亦庄学校校长。

还曾兼任国务院教育专业学位教育指导委员，中国教育学会学术委员、中国教育学会中小学整体改革专业委员会副理事长兼秘书长，教育部小学校长培训中心北师大管理学院、国家行政学院、北京教育学院兼职教授。

王晓燕，全人教育专家，浙江全能教育研究院院长，浙江大学科学技术与产业文化研究中心亲子文化研究所所长，中国教育学会中小学整体改革委员会学术委员，全能宝宝体系创始人，幸福生命学倡导者；从事 20 多年教育文化生态领域的行动研究，涉及幼儿园教育、亲子教育、父母教育、基础教育、校外教育、农村教育、社会教育等广泛领域；著有《打造孩子一生幸福的幼儿教育》《中国教育问道》《教育富国论》《换种思路做父母》《时时处处是教育》等著作；致力于从出生到幼教、小学、中学、大学等各阶段的全人发展素质教育整体改革，以及家庭、学校、社会三位一体的幸福文化生态探索与行动。

序　言 | 教育之家，原来就在我们出发的地方

为吴国通校长的新书写序，对我来说，那是吃了豹子胆才敢干的事。然而，面对吴校长的叮嘱，我也就把这件事当作前辈对我的提携，代表《中小学管理》杂志社，向读者推荐这本书。

《教育回家》这部书是这位老教育人心血的凝结。我们从中可以读到，吴国通校长对50年从教历程的回望、反思及期待，这本书记录了他在职业生涯中办学思想、管理思想的不断变化和升华，以及他对教育本质即“教育之家”的持续追求。让我感触最深的是，吴国通校长始终将自己的办学思考和实践置于一个宏大的背景中来探寻“路”的方向。

这个背景是“人”的。吴校长将教育放在浩浩荡荡的人类文明潮流中，并立足于人成长的本位。他在学校里践行学生的多样性发展、个性化发展，并通过建立增值性的自我评价和倡导人尽其才的导向来予以保障。在吴校长这里，人的价值与教育的价值、学习的价值是相贯通的，可以说为所有的教育人提供了解决观念隔阂的机会。

这个背景也是“国家”的。我们从字里行间都能看到吴校长对国家变革教育治理理念、治理体系的兴奋，他认为这是营造“办学者价值自信和道路自觉”的关键。与此同时，他还将这样的思考放在中西背景的“拉扯”当中，期待建立中国本土教育文化的自信。这正是我们这本杂志多年来不断倡导的命题。

这个背景还是“学校”的。吴校长在办学一线深耕50年，历经我国政治、社会及文化的多个发展阶段，可以说对学校这样一个主体的社会地位的变迁有着深刻的认识。因此他急切地呼吁教师的尊严，呼吁学校放弃“成才包办的无限责任”。我深深赞同吴校长的观点，若学校的主体地位缺失，则无以保证国家教育治理体系落在实处，更无以保障每一个学生的自主适性发展。

读吴校长的书带给我思考的同时，我又忍不住媒体人的偏好，电话采访了他参与创办并曾担任过校长的学校。这几位校长讲了很多故事，我转述几个，让我们一起感受吴校长心中的那个教育之家。

等待与欣赏：是孩子成长的“家”。2010年9月，吴国通来到新建成的成都石室小学担任总校长。当时，学校初始年级只有一个班28名学生，吴校长自己掏钱，亲自跑到商场为这28个孩子购买了28个收纳箱，去书店根据每个孩子的特点购买一本书。他一旦发现孩子写字姿势有问题，会亲自调试桌椅，想办法为孩子配备写字矫正器。吴校长几乎每堂课都听。甘红宇老师说：一名思维较慢的学生，吴校长每次听课都坐在她的旁边，细细观察她的课堂表现，并对我说："这孩子虽然慢些，但慢慢的还是能做来，我们做老师的不要急，每个孩子都是不一样的个体，要让每个孩子都得到发展。"

教育需要等待，等待每一朵花静静地开放。吴国通校长常对教师们说：每个孩子都有各自家庭的烙印和个性，我们应该尊重差异，有差异的教育才是真正的教育。我们要让孩子自己跟自己比，让他们在每一次进步中建立自信。而教师的责任是引领学生自主学习，让学生建立学习的内驱力、终身学习的意识和能力。为此，他为学校引进了增值性评价的机制，他期望这种评价能够引导学生认识自己的与众不同，引导教师认识和研究学生，尊重差异，促进学生成长。

信任与尊重：是家长教师共同的"家"。北京小学大兴翡翠城分校的张文凤校长说，学校办学一开始就提出：教师的尊严与学校的地位首先建立在与家长的关系上。比如，总有家长非常诚恳地想为学校捐赠物品，但吴校长认为，学校应该引导家长从物资捐赠向教育资源共享方面引导，要根据家长捐赠时间予以区分。孩子在读期间，大多数家长的捐赠会带有利益诉求，学校接受了会很被动，而且会让他的孩子形成炫耀的心理，不仅损害教育的效果，还会伤害没有能力捐赠的孩子，造成隐性的教育不公平，这种"捐赠"是不能接受的。但如果孩子毕业后家长为学校捐赠，那才可以作为真正的教育公益。教师和家长一定不要争一物之短长，而是把孩子的优秀作为共同的责任，共同的回报，家长和教师一起为孩子提供优质教育资源，比任何物资捐赠强。张校长把这个理念与家长交流，得到了热烈的回应，一下子拉近了家长和学校的距离。学校还专门成立“家长之家”，让家长们来到学校就有到家的感觉。

纯粹与热爱：是教育管理者的“家”。吴国通校长是一位真正纯粹的人，他内心和善，学识渊博，热爱教育事业，非常令人景仰。和在大都市工作和生活的许多年轻人一样，石室小学的外地青年教师也有住房等方面的困难。该校曾蓉校长无意中和吴校长谈起，想在学校为这帮年轻教师修一些简易宿舍，20 万元的资金尚无着落。吴校长脱口而出，那我出 10 万元。曾蓉校长说，她至今依然感动于吴校长这样的情怀：不计个人得失，不掺杂个人私心，那样的纯粹，都是因为热爱。我想，这种纯粹与热爱，不正是我们教育管理者渴求的“家”吗?

吴国通是一位从一线走出来的教育实践大家。他用了 50 年时间，不断探索和思考教育最本质的部分是什么，并且用点点滴滴的实际行动告诉我们，原来教育之家是那么朴素，不需要似是而非的理论喧嚣，只需对每个生命成长历程的敬畏和支持。教育之家，原来就在我们出发的地方。

柴纯清

中小学管理杂志社社长

2015 年 9 月

前　言｜中国教育，挺立而行！

2015 年 2 月，在一个新年元旦之后、旧历春节之前的早晨，我手捧着一本出版于十多年前的 2002 年的小册子——《发展主体性学校管理》，感慨万千。

这本小册子的作者吴国通校长，是一位平凡而又非凡的教育工作者。说平凡，因为他是中国几十万所小学中一所小学的校长，更是全国上千万教师队伍中的普通一员。说非凡，是因为他所在的北京小学，是与中华人民共和国同年诞生并且以首都命名的一所特殊的小学，这所小学也是新中国成立初期由北京市委亲自组建的规模最大的公立寄宿制学校，而吴校长，不仅带领这所非同一般的小学做出了非凡的成就，还领衔首届“名校长工作室”之一研究优质办学来育木成林，并率先走进西部办学将优质教育资源成功移植。此外，他还是中小学整体改革专业委员会最早的发起人和组织者之一，不遗余力地推动优质教育的全面共享。非凡的学校，非凡的作为，构成了一位平凡教育工作者的非凡人生。

与吴校长结缘，是两年前的一个上午，我忽然接到一个来自北京的陌生电话。我没有想到那通电话会让我的人生脚步开始驻足并转身，重新折回到已经游离多年的教育主流行列。电话那端的吴国通老师，是通过我那本出版于2009年的《中国教育问道》一书找到我的，当时他用这本书给北京师范大学管理学院的校长及后备干部班上课，因为觉得里面的一些观点非常适合给中国当前教育整体改革作参考。他在电话里邀请我加入中国教育学会中小学整体改革专业委员会担任学术委员，一起来做教育改革的建设性感召引领工作。

十几年前，我被邀去京参加基础教育课程改革教材编写和全国师资培训工作，那让我得以从原来的幼教探索一域视野扩展到整个基础教育全局，从而走上全人终身发展研究之路。那样的探索视界，不易与任何现行教育体系并行相融，因而便不知不觉地离开了教育主流行列，在体制外自在而艰辛地跋涉了十余年。如今，吴老师的邀约，让我有一种就像是一个离家久远的孩子，终于被召唤回家的感觉。

在中小学整体改革专业委员会参加了一些活动，并与吴老师有了更深入的交流以后，我似乎感觉到，这个以书为媒的缘分，不仅仅是如吴老师所说的“你该回到体制内阵营”那么简单，它还有着更大的意义在等待着我。

而当我拿起这本《发展主体性学校管理》，我感受到了这个缘分所蕴含的沉甸甸的分量。这本小册子是一所学校的管理论文集，看似寻常的文字背后是吴校长鲜活丰富的教育实践，他的办学历程与科研成就，让我不禁联想到当前的教育现状，也想起之前写《中国教育问道》的初衷。

七八年前，新华社浙江分社记者谢云挺先生与我聊起中国教育问题，希望我能写一本教育批判类的书，指正一下当前的中国教育乱象。我说，中国教育现状确实堪忧，但批判解决不了问题，需要的是积极建设；而如何建设，则首先要弄明白教育的是什么、为什么、怎么办的问题。后来，便有了《中国教育问道》这部对话录，冀望传达“追根究底，全面透视教育实践之问；寻本求源，深层解析教育改革之道”之愿力。

翻阅着吴校长的《发展主体性学校管理》，我被碰撞出了心灵深处的教育回家之路：一方面，它呼唤出我半生一路探行教育的历程与共鸣，另一方面，我知道它昭示着整个中国教育前行的改革方向与未来期望。我们有着这样的中国校长，这样的中国办学实践！我不禁生出铿锵豪情：中国教育，到了该站起来的时候了！中国教育，挺立而行！

这一句话，几乎带着要穿透灵魂的力量从我心中迸发而出。就我的半道人生而言，如果没有前面十几年的体制内教育领悟，我就无法真正全面深刻地理解中国教育改革的整个历程，而如果没有后面十几年的体制外探索经历，我就无法广泛深入地了解中国教育发展的社会背景。体制内与体制外的教育，就像是井水与河水的交锋，原本清净的井水已被河水的泛滥波涛所冲击，而失去了往日的专业价值感，而原本安然的河水也因井水的被污染而动摇了应有的安全信赖感。而中国教育却在这种失序中日益深重地陷入内忧外患、四面楚歌的现实困境。

吴国通老师介绍办学经验的文章，让我感慨的不仅是这些朴实文字背后他为教师25年、做校长25年的丰硕教育人生，更是这样的文字在这些年教育革新浪潮中所失却的价值话语权。在社会的失望情绪当中，中国教育的价值尊严也动辄被“中外教育的对比”打翻在地，似乎优质教育必属于西方，落后教育必归于中国。

然而，果真如此吗？从吴国通老师的办学历程中，从许许多多像吴老师这样敬业笃行的教育工作者身上，我们可以看到支撑中国教育在曲折跌宕的历史风浪中坚定前行的精神脊梁。中国教育挺立而行的力量，不会来自于标新立异的海外时尚，不会来自于故弄玄虚的高深理论，当然更不会来自于沽名钓誉的品牌包装，而是实实在在地从教学与管理实践的每一步中生长出来，一步步地长成根植于这块土地上的健康大树，再一步步繁茂成林。

正如同吴国通老师所说的，中国人一定要找到适合我们中国人汲取营养的方式，要找到让我们的脊梁骨挺起来的东西，这，才是中国教育回家的路。

于是，在吴国通老师“教育回家”的思想召唤中，我续接《中国教育问道》的拙笔，再一次以对话方式记录吴老师从教五十年的实践历程与教育灼见，希望不仅能够为他“人生七十古来稀”却依然“雪发不让青丝韧”的活力生命留下一份岁月纪念，更为中国基础教育从“问道”到“正道”的转型蜕变历程献上一份教育自信的回归大礼，用自主办学的证道明灯，来照亮中国教育挺立而行的未来之路！

王晓燕

2015 年 2 月

前　言 | 为“什么”办学

为什么？是什么？是校长办学必须要回答与解决的两个过程性的问题。

“为什么”是学习思考的过程，这是办好学校的前提。为了基本正确、不误人子弟，就要掌握教育概念的时代变迁，就要知道国家的教育意志，就要学习教育的经典著作、经典论断。这是本书的着力点，所以才请王晓燕老师来“问道”为什么办学。

“是什么”是实践创新的个性探索，是为什么办学目标的落点。随着我国教育公平、均衡发展的布局，以及深化改革的“管办评”分离，教育必须改变过度求同拔尖的思维方式，才能契合“大众创业万众创新”的发展时代。所以，激发更适合学生个性多样发展的自主办学，创新教育实践更加丰富多彩的路径与经验，才能逐步取代传统的聚合优质师源、生源、物源，拉动择校竞争热点的、有限的办学服务方式。个性化的路径和经验可以焕发千千万万的教育服务方式，虽然具有不可复制、替代的特质，但是它们却源于教育科学的基本理论、基本规律。因此，我把更新教育观念、影响校长自主办学的经典著作、经典论断作为“附录”资料同时推荐给读书人。

事实上有利于校长办学体制机制的深化改革、国家教育治理的目标已经确立。日前“中共中央全面深化改革领导小组”所召开的38次会议中，有9次会议审议通过了教育治理的14项深改方案。尤其是党十八大以来，习近平总书记站在坚持和发展中国特色社会主义、实现中华民族伟大复兴的高度，紧紧围绕“培养什么样的人、如何培养人以及为谁培养人”这个根本性的问题，对教育作出了全面深入的系统论述，这不仅是治国理政的战略篇章，更是校长现代办学最现实、最前卫、最具国家意志的价值选择。特别是2018年9月10日的全国教育大会，首次提出中国教育是“党之大计”，习近平主席亲自将“大计”的新理念新思想新观点概括为“九个坚持、七个要在”，并明确指出“这是教育工作的根本任务，也是教育现代化的方向目标”。对标教育大会，认真学习和践行习近平总书记系列的教育论述，对校长坚守教育规律、坚守育人为本的办学方向及文化自信具有重要的指导意义。

这是一本以办学为主线而汇集教育的国家意志及各方教育观、教育经验的资料书。书是有腿的，各有自己分享的团队和缘分。走的远近并不重要，因为它终究记录的是一个相近团队的办学意志和价值选择。

谢谢读书人！

吴国通

2018年12月

目　录

总论：教育回家之启

“培养人才，根本要依靠教育。教育就是要培养中国特色社会主义事业的建设者和接班人，而不是旁观者和反对派。”

——习近平会见清华大学经济管理学院顾问委员会海外委员和中方企业家委员时的讲话

“家庭是人生的第一所学校，家长是孩子的第一任老师，要给孩子讲好‘人生第一课’，帮助扣好人生第一粒扣子”。

——习近平在全国教育大会上的讲话

“终身教育概念看来是进入21世纪的一把钥匙。它超越了启蒙教育和继续教育之间的传统区别。它响应迅速变革之世界的挑战，有助于安排教育的各个阶段、规划各阶段之间的过渡、使途径多样化，同时提高每种途径的价值。”

——联合国科教文组织《德洛尔报告》

让教育“回家”，正成为当前中国教育有识之士们的倡导与召唤。确实，这些年的中国教育，在国内与国外的理念拉扯、专业与市场的功利斗争、传统与现代的创新冲突等各种张力中已经折腾得太久、偏离得太远也奔波得太累了，需要回家，回到生命营养本源的家，回到儿童自主学习的家，回到亲子共同成长的家，回到全人整体发展的家，回到既能随时体验当下快乐又能不断创造未来幸福的终身教育之家。

且让我们跟随着吴国通老师的教育智慧启迪，一起找到中国教育回家的路。

一、中国教育缘何要回家

王：吴老师，记得两年前第一次与您碰面时，您从古论今提出“教育要从容”的观点，让我有一种振聋发聩的透亮感，当时就很想能够与您深化探讨一下从容做教育的问题。这一次，又听您谈起“教育要回家”的倡导理念，更加感到中国教育之痒终于可以挠到真正的痒处、中国教育之痛终于可以治到真正的痛点的欣然落位感。因此，非常希望能够请您具体地解读一下“教育回家”的理念，以分享于大家，也即“教育回家”指的是什么？教育为什么要回家？又该回到怎样的家？

吴：要谈“教育回家”的定义，必须先厘清“教育”和“回家”的概念内涵问题。什么是教育？这个看似极其简单的问题，却总是在我们的社会实践中不知不觉失去它的原本真意。记得你在《中国教育问道》中提出，“真正的教育，是激发每一个人的生命潜能，是充实每一个人的心灵营养，是促进每一个人自由的成长，是帮助每一个人成为真正的‘人’！”这就道出了我所理解的教育本意：教育，是人类特有的、完善自我本性的交往活动，它是人类区别于动物的追求自身精神圆满本能的标志。也就是说，教育是属于人类特有的本能特性。你看，整个地球宇宙的发展史，为什么许多动物灭绝，而人类却不断地繁衍发展、生生不息？这是因为动物没有这种自主学习、自我完善的本能，而人具有这种自我学习完善的本能，使得我们可以不断地脱离动物本性，走向人的圆满。因此，教育不是要给人类强加上什么他原本所不具备的东西，而是人类本能的存在。

王：既然教育是人类的本质属性，那么，为何我们却总是偏离这样的本性之道呢？

吴：这或许是人类在社会发展进程中所经受的特殊考验吧，从某种意义上，也恰恰是人性完善与动物本性之间的较量之争。当人类从原始个体状态走向部落组织、社会管理的发展历程中，就会出现管理者与被管理者的阶层之分，而从人性动物本能的安全自私考虑，凡是掌权人都不喜欢别人超过他，都希望能够让被管理者乖乖地听话服从易于控制，这就自然而然地想要抑制人类自我学习、自主发展的意志与能力，这种观念意识投放到教育管理实践中，就不知不觉地将教育推向“无人”境地了，使教育离人的原本属性越来越远。

王：这个剖析非常深刻。我自己的教育探索体验也有这样的感悟，其实孩子几乎不用教，每一个人的生命潜能中都具有各种各样的自我创造与自我完善学习本领，他的生命宝库里装满了各种用于绘画创造的色彩和线条，用于舞蹈表现的动作与表情，更有无限的科学探索与语言学习天赋，我们所需要做的，就是如何去好好保护并充分激发这些创造潜质，让它充分地展现出来。但是，我们成人总做不到去完全信任孩子的这种学习潜能，因为一旦放手让孩子自己去学习去创造，就会带来一个极大的“危险性”：容易让孩子不听话，容易显出我们自己的“无能”，容易失去权威的价值感与掌控的安全感。因而，教师宁可不相信孩子能自己学习，要把孩子死死管起来，校长也不相信教师自己能教好孩子，也要把教师死死管起来，领导更不相信校长自己能够办好学校，更要把校长们死死地管起来。一环控一环，就把教育管成了现在这样的死气沉沉之态，也把人类本身具有的学习本能与生命活力都管得夭折了，让大家都带着镣铐跳舞，人人疲惫不堪，却又收效甚微。

吴： 是啊，这种状态实在令人心忧。所以，教育必须要回家。这里的“回家”，指原本、原始，根本、本质之意，是指教育要回到它原本的确切位置。我们常说“好到家”“做到家”，就是指这样一种恰到好处的确切位置。以前我们古人对教育的解读，是“传道、授业、解惑也”，那是站在师者的角度，它对应的是对学习者空白无知的假设。但现在我们对于人类个体的学习认知已有很大的不同，教育的内涵也要随之发生根本性的变化，要回到它应有的根本位置。也即是，现在该到了要让教育回家的时代了。

王： 教育作为人类特有的本质属性，确实需要跟随着人类自身的认知发展而不断变化更新其实践内涵。那么，您认为要从哪些方面来具体地理解或诠释“教育回家”的深刻寓意呢？

吴：“教育回家”不是一句简单的口号，有它非常深刻的内涵寓意。我认为，“教育回家”起码包括以下五方面的回归。一是教育本质回归，即教育要回到它本来的原理、规律、概念和功能等根本属性，不回到这个根本，永远做不出适合人类自由全面发展的教育。二是教育动力回归，要回到人的本能活力，回到人的主体能动，回到人的个性潜能，即回到人类个体自身所具有的主观能动潜质，而不是外在被动强加的力量。三是教育责任回归。教育的责任首先产生于家庭、产生于上辈、产生于父母，这是所有教育的起始之基，但因为日渐发达的社会服务逐步替代掩盖了家庭养育责任，在给家庭提供养育便利的同时也给教育带来很大的问题隐患，现在也该回归其职责原位了。四是教育管理回归，整个人类社会的管理发展经过从神权、民权到人权的历程，分别对应于管理者与被管理者之间的服从、参与和服务的关系变化，根据这样的变化规律，教育管理也要回到它的适切位置。五是教育文化回归。这是最终极的回家。教育不仅要回到个人原本潜能的激发状态，同时还担任着它的社会文化属性功能职责，要回到它应有的民族精神、文化特色与国家意志之社会文化归属轨道之中，否则，人的成长便如无根之木，容易陷入精神迷茫虚空漂泊之中，哪怕学再多的知识技能也不能使人安定完善。所以，教育回家最终还是要回到自己安身立命的文化之家。

二、教育回家的时代变革

王： 吴老师，您对教育回家内涵的几个层次的解读非常全面透彻，包含了教育改革发展的诸方面因素。我很想进一步向您探究的是，您为什么会想到教育回家的这些观点？是什么促使您去思考这些教育回家的内涵主旨问题？

吴： 应该说，是我们所处的这个时代孕育了教育回家的转型变革启示。整个人类教育历史的发展，都是从精英化教育向大众化教育迈进的。这两种教育价值取向，在学习方式、评价导向与成本投入上都有很大的不同。精英化教育重在人才选拔的差别分层，注重共性排序，是优上劣下的被动选拔，考的是对于书本的学习智商，会造成“人比人”的恶性竞争；而大众化教育则重在人尽其才的服务，注重个性选择，是动力回归的自主创新，考的是运用知识的情商，能给人带来“自比自”的从容体验。精英化教育容易偏重于硬件形象的差距性投入，即如何为选拔精英创造更好的办学条件；但大众化教育却要更注重以教师为本的专业化投入，即如何服务好每一个人的自主学习与参与体验。

王： 那么，从精英化教育到大众化教育的转型变革，对中国而言，到底具有怎样的意义？

吴： 这恰恰是最引发我深入思考的问题所在。前不久，我写了一篇文章《科举落幕壹佰壹拾年祭》，就谈论了这个问题。1905 年晚清政府在内外压力之下宣布取消科举制，至此延续一千多年"考状元"的中国封建社会教育模式终于降下了帷幕。同样在 1905 年，世界科技界设立了诺贝尔自然科学奖项。这或许是天意的巧合，寓示着中国教育与世界的第一次重要接轨，使中国的学校教育开始走向西方工业文明的世界之轨。但为什么，到了现在，2015 年，距离那时已时过境迁 110 周年，中国却至今与自然科学诺贝尔奖无缘？是什么让我们付出了如此令人汗颜的代价？最主要的，还是我们这种从"考状元"价值观所传承沿袭下来的"选精英"潜意识在作怪，即虽然我们在形式上取消了科举制，但是在运用教育方式来淘汰人、选拔人的功能上没有改变，只不过是把"一朝榜上题名，从此平步青云"的功利价值导向由私塾、官学转入了现代学校的办学过程中，并未能解决教育与人、教育与国民素质的关系问题。而传统的状元情结、学而优则仕的目标又像血液一样充盈着学校教育的各个细胞，当学校直接用"草鞋和皮鞋"来引领学生恶性竞争时，就必然在持续恶化中丧失了教育的本质属性，人也自然远离了与教育的正常关系。

王： 这种传统潜意识对人的影响之深确实令人唏嘘不已，我在其他领域中也有深切感悟，但受害最深的还是教育。那么，在这一百多年来，中国教育为了摆脱这种封建社会的教育意识做出了怎样的努力？

吴： 中国取消状元科举制其实是非常被动的，是因为世界工业革命的“热兵器”强悍地取代了“冷兵器”。中华民族也正是在1840年的鸦片战争、1894年的甲午战争中饱尝了世界上国家与国家之间真正实力的竞争，也由此开启了中国向世界看齐、追求现代发展的国家意识。而“以夷制夷”、取消科举制恰是这种西化进程的一个标志性的起点。但中国教育现代化的真正转机却出现在改革开放的1983年，邓小平提出了中国教育的“三个面向”[①]，这是从教育发展的方向上更深层地与世界教育接轨，并由此确定了中国教育现代性的追求是未来的事业而不是现实的功利，是世界的共识而不是封闭的自我认知，是人现代性的实质而不是现代化的表象。正是这深层的“教育要面向现代化、面向世界、面向未来”，使中国教育的改革目标从一次性的学校教育迈上了终身学习的思想里程；使教育改革的任务从印刷时代的知识拥有了迈上网络时代的“四大台阶”（学会求知、学会做事、学会交往、学会生存）；使教育改革的基本原理也从传统的教育学上升到了马克思人学思想的生命学说。其后1985年国务院颁布了“教育体制改革的决定”，开始

① 邓小平提出的“教育要面向现代化，面向世界，面向未来”的简称。

实施九年义务教育；1987年党的十三大首次提出“百年大计，教育为本”；1993年《中国教育改革与发展纲要》颁布；1999年制定了《面向21世纪教育振兴行动计划》，颁布了《深化教育综合改革全面推进素质教育的决定》，同年中国高等教育实施历史性的扩招，结束了千军万马过独木桥的考大学竞争。

王：这是否意味着中国教育开始从精英化的人才选拔真正走向大众化时代？

吴：是的。到2005年，也就是废除科举制的百年之际，中国人均受教育水平已达到8.3年，超过世界平均受教育水平，而高等教育毛入学率也已越过20%的关口，这意味着中国教育进入了大众化的时代。而同期，北京、上海、广州等东部沿海城市分别在2002年之后进入了教育的普及化时代。由于世界文明已进入了信息化的高速发展期，教育无所不在地贴近了每一个人，中国教育不必再重复西方教育已经走过的路，而直接登上知识经济的世界大舞台。当这种大众教育、普及化教育来到我们身边时，我们对教育的组织形式要有更理性的回归，即更从容地去思考教育的本质问题。

王：这个过程确实很不容易，我现在才更清晰地理解您所说的“从容做教育”的深刻含义。如果说，原来延续千年的状元科举制度是一场中国关起门来举行的少数人的赛跑的话，那么，这百年精英教育则像是中国人打开大门让越来越多的人一起来追赶西方的教育，怪不得会跑得累、会追得慌，却离真正的教育越来越远。

吴： 是啊，中国教育的表面奇迹对一直“唱衰”中国的西方精英们来说，似乎带来了真正的威胁。因为他们并不怕中国的 GDP，历史上的明清大国也曾经是 GDP 世界第一。他们恐惧的是中国学生即使“1/4 优秀也将超过我们人口的总数”“未来会说英语的中国人将超过英属母语人口的总数”。但不久这种威胁论就烟消云散，因为他们用另一个现实：“城市像欧洲，农村像非洲”“落后教育系统带来的负担，没人比中国学生更清楚了”宽慰了自己。而他们的领导人就说得更直白——“你们根本不用担心那个‘大国’，因为它在未来几十年，甚至一百年内，无法给世界提供任何新思想”（玛格丽特·撒切尔）；“美国还要领导世界 100 年”（奥巴马）。

王： 为什么会造成这种状况呢？中国教育表面的奇迹为什么会伴随内在的虚空？

吴： 这或许与我们追赶西方工业文明的整个工具性价值导向有关。自然科学领域的发明创造是工业革命的核心力量，快速提高工人生产力的最好组织形式就是排排就座的学校教育。正是西方的工业革命使“知识就是力量”的学校教育走向了全世界。这种工业文明打破了世界格局的封闭状态，拉开了国家强与弱、先进与落后的差别。近代以来我们对这种差别的抱怨曾归因于

"孔子"，所以中国学校教育的西化必然又伴随着对自己传统文化的剥离。但事实上中国传统的儒教、道教、佛教与学校教育都是教育的一种组织形式，它们不可能、也没有相互替代的作用，只是从不同的角度来解决人与自然、人与社会、人与人、人与自己的关系问题，其受众面各有所需，都指向人的精神本质。而一味在形式上急功近利地追赶西方，伤害的不仅是人，更重要的是偏离教育本身的价值主线。

王： 是否这就是中国施行了百年精英教育却断绝诺贝尔之路的深层原因所在？

吴： 确实不无关系。千年的考状元和百年的选精英迫使所有的中国学子都无法任性自在发展，而只能考什么就学什么，拿到文凭就是"人才"，不管这个文凭有没有用，这就造成了整个社会都认为是"学校培养了人才""文凭证书便是人才标志"。但事实上，工业革命创造的学校组织形式是为了大面积提高工人的生产能力，它与人才没有必然的联系。就连主导世界工业文明的伟大先驱瓦特、爱迪生、诺贝尔、爱因斯坦，也是产生于家庭的父母教育和个性的自我教育，并不是学校教育培养出来的。中国千年504个状元名声没有"四大名著"的作者响亮，距离"四大发明"与我们今天一样的遥远；百年选拔的精英虽然遍布世界各地为"高大上"的社会组织和企业打工，却并不掌握改变人类文明进程的核心技术。哪怕就与世界和中国公认的两大成才的案例进行比较，你会看到诺贝尔奖 110 年来获奖人平均年龄 71 岁，中国科学进步奖 14 年来获奖人平均年龄 80 岁。按 6 岁上学，大、中、小学按 18 年计算，大学毕业 24 岁，距诺贝尔奖还有 47 年，距科学进步奖还有 56 年。由此可以用这样的结论来告诉大家："学生就是学生，社会实践才是人成才的唯一途径。"

王：按照您这样的分析，我们是不是可以这样理解：想要在学校教育中通过精英选拔来培养出人才，几乎就是死路一条或者只能惨败而归？

吴：其实，这只是人成长发育的一个客观规律而已。学校教育对绝大多数人来讲，就是一个"人尽其才"的奠定学习基础的过程、一个学识储备的经历而已，有人形象地称之为"是储值而不是兑现"，很有道理。学校之所以不可能培养出人才，是因为所有的"人"之"才"都需要一个长期的积累，"大器晚成"是其基本规律。即使是千分之三的高智商的"神童"，也必须要入对行、做对事、引导得法，这比普通人的教育更难，几乎无规律可循，而稍有不慎就会"英年早逝"。现实中曾有的"神童""英才"陨灭的教训还少吗?! 因此，"学校培养了人才"只是状元科举时代、精英教育时代留给我们的可纪念而不可重复的概念而已。

王：所以您认为当代学校教育应从沉浸在"培养人才"甚至是

"国际人才"的特色标签误区中，尽快转轨到"人尽其才"的从容服务，这也是中国教育回家之路的必然选择。

吴： 是的，中国已经站在了多元文化交融的世界平台上，计算机改变了世界所有的发展方式及其教育方式，"什么都可以外包，唯独孩子不能外包"——是网络的多元迫使教育的责任回归了家庭；"学习的资源比历史上任何时期都方便快捷"——使教育的动力回归到了个体的自我选择；"孩子成长的多样，教育途径的多元"——使教师的专业由"教教材"转向了"育人为本"；"学校是社区的文化中心"——办学效益自然回归到所在区域的民生口碑。中国教育站在当前这个时代转折点上，必须同时铺好上层设计与基层探索结合发展的教育回家之路，才能使中国教育真正成为中国文化的响亮标志。这是我们向状元科举制彻底告别的纪念，是向钱学森之问①深刻反思的评估，是对无缘诺贝尔自然科学奖理性警示的修正，是心怀感叹而不可复制的历史鉴照！

王： "疑今者，察之古；不知来者，视之往。"您的这番智论与感怀让我想到了习近平主席在2014年12月13日国家公祭仪式上的

---

① 2005年，时任国务院总理温家宝在看望钱学森的时候，钱老感慨说："这么多年培养的学生，还没有哪一个的学术成就，能够跟民国时期培养的大师相比。"钱老又发问："为什么我们的学校总是培养不出杰出的人才？"这一问成为中国教育界有识之士关注的焦点，也是中国教育事业发展至今尚未能解答的艰深命题。

这一句引言。看来，中国教育回家之路，也要以您这一科举落幕百年祭文为承前启后的指航明灯啊。

三、教育回家的方向抉择

王：那么，为什么从科举落幕到现在，中国的教育回家之路会经历如此曲折漫长的百年历程？

吴：这主要还是教育价值观的选择问题。研究和传播中国式管理智慧的曾仕强先生在他的《易经的奥秘》一书中说做事有三点最重要：一是方向，二是定位，三是行动。如果方向不对，定位不准，那么，再怎么行动都有可能是南辕北辙或事倍功半。中国教育就经过这样的价值方向误导过程。记得湖南师范大学校长张楚廷教授在他的《为什么教育家大多出在中小学》[①] 那篇文章里指出，中国教育“近 60 年之中，前 30 年太政治化了，后 30 年太功利化了。……教育本身被异化了，教育变得不像教育自己了。……太功利化了，就谈不上有教育的思想、理论了，更不会有教育家了。太政治化了，就很难有教育自己的理想，也谈不上有教育家了”。

王：这里有什么深层的原因吗？

---

① 载于《当代教育论坛》，2012 年第 4 期。

吴：张楚廷教授对国内外的近现代教育家进行了分析，发现其中大多数都是专门从事中小学教育或者间接从事中小学研究，即使主要在大学工作的，也与师范教育相关，并密切关注中小学教育。这其中的原因，或许与教育的本质有关。在经济、政治、科学、文化、教育等诸多社会因素中，教育最靠近人，而中小学作为教育的起点就更靠近人，更明白教育的意义，更通人性，更容易知晓教育的真谛，因而也更容易出教育家。但中国现代教育家大多都出现在上世纪五六十年代以前，这几十年，确实没有再看到几位教育家了。这其中很大的原因，便是中国这六十年来，教育价值观从政治化到功利化发生异化，越来越不关注教育本身的特点与发展方向，也就离教育越来越远，越来越出不了教育家了。他说，如果想未来在中小学能出教育家，就必须首先让教育成为它自己，必须让教育有自己的话语体系，有自己的价值选择，外界应当觉悟起来，少介入教育，教育也应该觉悟起来，少接受外界的介入。这些话确实很有道理。

王：这个问题确实很重要，教育离人的本质越近，就越容易把握它的真谛。正是在这个意义上，我非常认同“儿童是成人之师”的哲学观点，政治化或功利化的外在教育价值取向根本无法让教育工作者真正关注儿童作为人的精神本质、关注教育的本来面目。

吴：是啊，在这一点上，另一位教育人士黄全愈也很有感悟，他说："我终于理解一个民族、一个国家的前途，并不掌握在政治人物的手里，而是掌握在培育孩子的父母和老师手里！"十几年前，黄全愈以一本《素质教育在美国》而闻名中国大陆，时隔十年后，他又出版了《动一动中国基础教育的基础》一书，通过中美基础教育的对比，提出"要建立创新型国家，要实现教育现代化，必须从基础教育开始"的思想，认为基础教育改革的核心不在体制，不在政治人物，而在于教师和家长。这些都是非常切中要害的分析。

王：那么，中国的教育价值观选择走过了怎样的发展历程呢？

吴：前面的就不去赘述了，我关注到十八届三中全会深化改革的决定对于教育目标的表述是："全面贯彻党的教育方针，坚持立德树人，加强社会主义核心价值体系教育、完善中华优秀传统文化教育，形成'爱学习、爱劳动、爱祖国'活动的有效形式和长效机制，增强学生社会责任感、创新精神、实践能力。"其中最核心的变化，就是从"三好"到"三爱"，这是最令人鼓舞的，我为此专门写了一篇文章来谈这个教育目标的时代性转换问题。

王：可否具体介绍一下"三好"与"三爱"？

吴：好。这要追溯到新中国成立之初，当时毛泽东主席针对当时的社会状况及发展的实际，向参加祖国建设的青年们提出"身体好、学习好、工作好”的号召。随后“三好”演变为国家德、智、体全面发展的教育目标，一直影响着中国教育普及与发展的历程。中间经过改革开放时期邓小平提出“教育要面向现代化、面向世界、面向未来”的科教兴国高度战略而改变了中国教育的整体面貌，加速了中国教育大众化的进程。到了2012年党的十八大召开，2013年5月29日习近平总书记在庆祝儿童节时提出“少年儿童从小就要立志向，有梦想。爱学习、爱劳动、爱祖国，德智体美全面发展，长大后做对祖国建设有用的人才”。2013年十八届三中全会时便将习近平提出的“三爱”写入了深化改革的决定。

王： 您认为从“三好”到“三爱”的教育目标，有什么根本性的内涵变化？

吴： 有“好”必有“坏”，有优必有劣，有美必有丑，其本身的标准就有着时代性的差别。尤其对正在成长过程中的孩子来讲，“好不好”往往评价的只是一时一事或是一个阶段的过程，其结果不仅不会真实，还会误导、压抑孩子的个性潜能。而“爱不爱”强调的是人的态度、情感、价值观，尽管也有相对性，但它最终可以引领学生更为长远的自我发展意识，往往能创造出更适合自己的结果。为此，由“好不好”——拥有知识多少的教育目标，向“爱不爱”——情商、智能自我发展意识的目标转换，不仅符合终身学习时代的价值取向，也适应了人现代化发展的个性需求。

王：这“三爱”，对教育回家来说，蕴含了哪些方面的价值意义？

吴：学校是人演练社会化的途经地，也是奠定人终身学习意识的重要起点，因为今天学习方式的建构将直接影响人明天的生存方式。事实上，学习、成长的真正动力源于孩子本人，学生观是学校教育的第一概念。现实学校教育要着眼于每个孩子“爱学习”的情感、态度、价值观的培养，既是提高学生现代学业素质水平的重要选择，也是促进学生个体真实发展的必由路径。

而劳动是人生存的本能。马克思说“劳动创造了人类”，人类的文明史离不开人的体力与脑力劳动的创造性结合。但在教育难以普及的社会进程中，劳动的属性被教育的功利化追求分解出高低贵贱之别。而这种教育功利价值取向的演化弥漫不仅阻碍了社会进步的现代化步伐，也确实衍生了贫富差距、冲击社会道德底线的种种负面效应。为此，在教育越来越普及化的背景下，让单纯的学历教育回归尊重人类劳动本质属性的教育，已经成为现代社会如何引领个体生存能力不得不格外强化的要点。国家人才十年发展规划明确定义了现代社会人才的标准是“专业知识、专门技能的劳动者”，照此标准培育当代学生健康的劳动观念、全面发展的自我生存意识，自然是学校教育不可推卸的责任。所以，“爱劳动”的教育要作为现代学生的成长之本，这不仅因为它是落实三中全会“社会责任感、创新精神、实践能力”的载体，也是实现现代学生由脑到体更全面生存发展体验的重要标志。

王： 关于“爱祖国”教育，近些年来社会上有许多的异议，觉得这样的口号很虚、不切实际。您怎么看待这个问题？

吴： 其实“爱祖国”的情怀建立在“如何做人，怎样做事”的根本基础上，这是衡量人的社会存在的价值标尺，也是教育的永恒主题。三中全会强调“坚持立德树人”，实际上这是对中国儒家教育思想“读书志在圣贤”的目标认定。现代社会高度开放，将一个多元、多样、真实的世界呈现给了每一个人，从而为个人的价值选择提供了更为开阔的空间。但是世界上没有纯粹的个人，人的社会化属性决定了教育必须要植根于他所存在的国家、民族及其家庭的社会。孔子曰“立爱自亲始”，健康的社会教育必然要引领每个人为家庭、为民族、为国家的福祉而做人做事。为此，爱家、爱乡、爱祖国就成了每个人的成长之根、自尊之本，同时也必然是各个国家“落叶归根”的教育追求。尤其是在天灾人祸频发的动荡世界，人群的流动、文化的交融、多元的诱惑，似乎使爱家、爱乡、爱祖国的情感上升为社会道德的伦理基础、时时检验着人性的善恶，时时验收着“为人民服务”的真实性！

事实上教育不是无源之水，“爱祖国”的核心是爱其国家或民族的优秀文化传承。唯有民族的才是世界的！没有文化之根哪来枝叶繁茂的发展未来？中国的改革开放正是坚持了这一文化的基本的特质，才在世界纷纷“西化”的潮涌中，没有付出苏联、南斯拉夫那样的惨痛代价，从而迎来了中华民族复兴、改革创新发展的新纪元。

王：我也非常认同您的观点。爱祖国不是无中生有的虚幻口号或强制灌输，而是建立在爱家爱乡基础上的情感自然延伸发展以及对爱世界爱人类的具体归属认同落实，更是对中国儒家传统文化中从“格物、致知、正心、诚意”到“修身、齐家、治国、平天下”的人格养成修炼的传承体现，无论对中国人还是对世界人而言都具有积极的、重要的意义，这也是我在提出培养“具有世界意识、祖国心、乡土情”的未来世界公民教育目标时的核心立意所在。

吴：是啊，从“三好”到“三爱”都不是一个简单的口号更替，而是有着教育价值观、发展观、服务观更新换代的变化。这种价值内涵的变化，对我们今后几年更自觉自信地贯彻国家教育规划纲要的战略目标、战略任务，深入实施素质教育的战略主题具有重要的现实意义。

四、教育回家的社会呼声

王：非常感谢您为我们细致分析了国家政策文件中所蕴含的深刻内

涵与意义。当代社会公众一般不太容易真正理解或积极接受这些“教育官方语言”，而是常常容易被社会上的一些纷杂现象所困扰，或者为外来的一些创新概念所诱惑，而使教育走向离中国文化国情越来越远的迷茫歧路上。这些年我在体制外探索社会生态文化问题，就更加深切感受到这种社会公众舆论对中国教育改革之路的强烈拉扯或冲突张力。对这一方面，您有什么见教？

吴：其实我对“教育回家”的思考也是缘于对中国教育服务的社会舆论与现实关注。比如，你在《中国教育问道》中提到：“如果不从上位去拓宽教育管理的执政观念，不从深层去剖析教育实践的运行机理，不从长远去构架教化育人的培育目标，那么教育政策的空泛导向与教育实践的功利作秀将永远是上下两张皮，中间夹着总是剪不断、理还乱的教育困扰。”我就觉得非常精辟到位。这种“上位”“深层”“长远”的视野需要“跳出乾坤看世界”，站在教育之外看教育。因此这些年来我一边在体制内认真办学，一边也在广泛地关注社会各种现象的变化发展。

王：是的，如果没有这些年在体制外的社会研究经历对原本一囿之见的视界突破以及深入社会基层的潜水探索，就不会有《中国教育问道》以及后来一些更具全域性的感悟之思。所以我常常感慨，若不能跳出教育之外，将很难深刻洞察教育的真谛与改革利弊，所谓“不识庐山真面目，只缘身在此山中”，古今中外大多数教育家也都同时是杰出的哲学家、思想家，或许也是这个道理。但另一方面，若不了解中国体制内教育规律或是基层实践需求，就根本无法切中时弊、对症下药地进行有效改革，也用一句成语打个比方，所谓“不入虎穴，焉得虎子”。像中国当代一些教育改革举措，比如像农村撤点并校等所带来的后续问题隐患，都是没有充分深入基层、细致调查研究的结果。而当前社会这种全民热议教育、盲目投身教育的现象，虽然其关注教育的积极热情值得鼓励肯定，但不懂教育规律的盲目的纷乱的行为现象也不由得很令人担忧。

吴：有道理，发现问题有时确实是“旁观者清”，但解决问题却需要遵循行业规律并符合国家意志，才能起到更有效的作用。其实社会公众对于教育的不满与热切关注在很大程度上还是对教育投入与产出效果的质疑与反思。一位美国教师约翰·泰勒·盖托在《上学真的有用吗?》一书中写道：“我们过去曾生产钢铁，现在我们生产泡沫，其中最荒唐的、像肿瘤一样恶性膨胀的就是学校的泡沫。从早期教育到大学，成就这个乌托邦所耗费的成本远远大于它的产出。它使家庭、智慧、个性分裂。它与成百上千万人的无能有关。它是一个产生负能量的黑洞，严重地耗损着民族的活力。”

王：看来无论中国还是外国都存在这样的教育效果质疑。我查了一下资料，这位作者在曼哈顿教了30年的书，好学校、差学校都待过，因此，在漫长的教师生涯里，他谙熟了厌烦的滋味。他认为："强制教育像一只章鱼，每个人都难以逃脱它的触手。它将死记硬背奉为金科玉律，让人们相信被动的学习、零星的记忆是心智成功的最佳途径。这种习惯的培养是大生产式的教育最具杀伤力的武器。"看来，事实并不像许多中国人认为的那样，美国教育就是好教育，中国教育就是坏教育。而是各有好坏，只是比重差别不同而已。

吴：是的，中国的教育强制问题或更严重一些。有一位外媒专栏作家艾恩·加内尔在2014年撰写了文章《中国的教育与瘾》，提出病态落后的教育才是中国青少年网游上瘾现象的根源所在："很多人认为校园生活是我们人生中最美好的回忆，但这是胡说八道。在中国，学校是几乎每一个人的地狱。""长期以来，中国青少年都在默默承受一个落后教育系统带来的负担，他们总是被给予不切实际的极高期望值。""每个人都知道'学校很烂'，但没人比中国学生更清楚。"这种病态落后的教育使中国青少年将网络游戏当作他们逃避现实的心理安慰之所。确实不无道理。

王：那么，学校教育到底有没有用呢？对当前和未来社会而言，学习究竟是为了什么？它能改变中国人的命运吗？

吴：对这个问题，2013年3月《北京晨报》公布了2012年中国主要城市的一个相关调查，问“今天上学还能否改变命运?”，持否定意见的北京最高 37%，乌鲁木齐最低 17%，持肯定意见贵阳最高 65%，北京最低 45%。这一高一低可以看出人们对学校教育作用认识的理性变化。

王：为什么会有这种变化?

吴：这需要从“上学改变命运”的社会认知标准说起。人们一直存在的认识是，上小学是为了读中学，读中学是为了考大学，考上大学是为了找个好工作，然后，就有了好的前程与命运。可是，现实情况如何呢？我们来看一张表格，我称之为“大众化教育的生存纠结”，即从大学毕业生就业困境来看大众化教育所面临的生存考验有多么严峻：

大家知道按国家入学的规定今年即 2015 年上小学的应是 2009 年出生的属牛的孩子，往前推 12 年是 1997 年，再推 12 年是 1985 年，我想用这三个年段属牛孩子的上学与就业状况做个比较，来看看教育的时代性变化。1985 年我国出生了 2196 万个属牛的孩子，这批孩子上大学的时间是 2003 年。2003 年我国高等教育的毛入学率是 17%[①]。按 17% 毛入学率 2003 年实际招生 382 万大学生，2007 年这批大学生毕业时却

① 高等教育毛入学率：国际通用的统计方式是用这个国家在校大学生的人数除以 18 岁至 22 岁的青年人数，以表示该国享受高等教育的发展层次。毛入学率在 20% 以下为精英教育阶段，20% 至 50% 为大众化教育阶段，50% 以上为普及化教育阶段。

有近95万人未能当期就业。再看1997年出生的属牛孩子是2027万人，这批孩子应该在2015年的今年上大学，按教育规划今年我国高等教育毛入学率可以达到36%，招生人数应该在700万上下，四年后的2019年这批属牛的孩子会有多少人不能当期就业我们不好估计。但是我们知道今年的大学生毕业人数是749万，这是1999年国家取消大学生国家分配制度以来毕业人数最多、就业最难的一年。按此推算，今年上小学属牛的孩子出生是1587万人，2027年上大学时国家高等教育毛入学率将达到46%。这么高的入学比率，大学早已脱离了凤毛麟角的精英教育、跨过大众教育进入了普及化的时代，你认为他们应该怎么学、学什么才能突破未来生存就业的困境哪？

王：经您这么一分析，我终于理解为什么会有这种对学校教育作用认识的理性变化了。也就是说，越是发达地区，越能意识到传统的学习方式已经不能改变命运，而越是非发达地区，还是寄期望于通过学校教育和高考来改变命运。

吴：是啊，让教育回家，回到人的生存根本，回到人的精神本质，已经不仅仅只是一些有识之士的倡导呼吁问题了，而是整个社会的时代转型变革所需，这种变革绝不只是在原来的基础上修补完善，而是彻底的、根本的转型选择。我非常同意《上学真的有用吗?》作者所提出的“教育泡沫”的概念，明知道这种教育无益于个人、无益于社会，却还是按照惯性让孩子这样学下去，就像一个永远填不满还持续产生负能量的黑洞。这样的状态不彻底转型，学校就一直会成为精英集团的工具，不断地制造学校泡沫，不断地陷入无效的轮回之中。

中国人常常有个从状元情绪遗留下来的错觉，总想通过学校教育而把煤加工成金刚石。别说煤的材质炼不出金刚石，即便有金刚石的材质，也不是单靠学校教育就能一蹴而就地培养出来的，它需要终身发展，需要在社会实践中持续历练，才能真正成为人才。那么，学校在其中起什么作用呢？我把学校基层办学的教育目标方向归结为这样几句话：培养终身学习意识是主线、人尽其才是目的，培养思想素质与思维素质是落点，促进精神成长与智慧成长是标志，建立规则章程是保障。也就是说，学校要从培育人的终身学习意识入手，构建适合人现代发展的基本理念和实践人尽其才的根本任务。只有真正把握好“教育回家”的价值方向，明确学校教育的功能定位，才能有利于扭转盲目行动的状态，让教育的投入和产出符合令人满意的比例效果。

王：好，您的“教育回家”观点相信能给大家带来根本性的思考与启迪，接下来期待您对这些问题以及具体办学实践的进一步深化论述。

源起：教育发展之路

“建设社会主义现代化强国，对教师队伍建设提出新的更高要求，也对全党全社会尊师重教提出新的更高要求。人民教师无上光荣，每个教师都要珍惜这份光荣，爱惜这份职业，严格要求自己，不断完善自己。做老师就要执着于教书育人，有热爱教育的定力、淡泊名利的坚守。随着办学条件不断改善，教育投入要更多向教师倾斜，不断提高教师待遇，让广大教师安心从教、热心从教。对教师队伍中存在的问题，要坚决依法依纪予以严惩。”

——习近平在全国教育大会上的讲话

“由于社会转型期提出的教育问题最多，也就最需要和最可能有一批教育工作者从理论和实践相结合的角度来回答，能够回答其中一个或者几个问题的人，就是教育家。我们现代所处的时代正是最需要和最可能产生教育家的时代！”

——陶西平中国教育学会第六届换届大会开幕词

人类历史是滔滔奔腾的长河，而教育发展则是其中重要的一派水系，永远伴随着这长河的波涛而涌动而绵延。因此，要进一步深远地理解“教育回家”的价值选择与时代意义，还需回溯到人类文明的源头，去理清教育发展的水系脉络与方向。

接下来，且听吴国通老师从人类文明的发展里程谈起，来与大家一起探讨和梳理中国教育的发展之路。

一、人类文明的里程跨越

王：吴老师，您是如何形成这种教育回家理念的呢？其中经历了怎样的认知思考历程？

吴：这种理念的形成，或许与我长期以来的看书学习及实践感悟有关。你看前面所提到的这些对现实教育提出悖论的几乎都是些颇有见地的专家、学者，他们的问道、他们的论说之所以能够引起舆论的共鸣，就是因为他们能以社会进步的历史趋势、教育社会的历史节点来认识教育发展的进程与使命。分析他们想法的来源，我认为首先源于他们对人类文明进程的认知。

我们都知道记载人类文明进步的三大标志，是文字、印刷术，再是现在的互联网。社会学家研究发现，人类智慧的高峰，在文字出现的农耕时代在五十岁上下。那时的流行语是“不听老人言，吃亏在眼前”，因为老年人走过的桥比青年人走过的路还要长。那时向经验、向前辈、向老年人的经历学习，是年轻人进入社会的法宝。

印刷术的出现把人类的智慧与经验用书本的方式呈现给了下一代，学校伴随着印刷术、伴随着工业文明的进步兴盛起来，排排就座的学校教育为工业革命提供了源源不断的产业工人。此时的社会流行语是“知识就是力量”，学校的教师又进一步把它解读为“学会数理化，走遍天下都不怕”。工业社会人类的智慧高峰在四十岁上下。

但是谁能想到，随着信息革命的来临，一个大学没有读完的二三十岁的年青人却创造了电子平台，把全世界的知识都集合到这个平台上，你只要学会“点击”就可以获得。不久这个年青人就变成了世界的“首富”。农耕时代土地就是财富，工业时代资源就是财富，而互联网时代，像比尔·盖茨这样既无土地又无资源却能改变人类积累财富的生存发展方式。

王：您这个分析概括得太精辟了，让人有豁然开朗之感。那么，这种互联网时代的到来，会给教育带来怎样的影响？

吴：2010年比尔·盖茨曾在一次国际会议上预测，五年之后，互联网将替代大学成为教育的未来。他说，今天在美国上好一点的大学一年需花费50000美元，5年之后你可以上网选修大学课程，一年只需花2000美元①。实际上我们没有等到5年之后，现在就已经可以在互联网的“公开课”上欣赏到世界各国若干个大学的课程。2012年比尔·盖茨又断言：今后10年，寻找和使用最好的教学内容和技术，就像打开书本一样自然。平板电脑和高速网络将无所不在！② 比尔·盖茨的断言使我想起了我们国家2009

① 参见《南方都市报》2010年8月22日报道。
② 参见《中国青年报》2012年11月28日报道。

年启动的“三网融合”工程，当时在全国24个城市推进，并预测到2015年完成全国的总覆盖。我记得中国教育电台曾召集不少专家、学者研讨计算机网、有线电视网、移动电信网“三网融合”之后将会如何，结论是将会改变中国67个行业的生存发展方式，并促进学习方式变革，实现新的革命。这一革命是互联网文明的必然，不管你愿意不愿意，一个“无处不课程、无处不教育、无处不学习”的时代，将实实在在地来到我们每个人面前。教育不可能避开这个时代，因为我们的孩子就生活在这个时代，他们是网络的天然宠儿。对他们来讲“人机对话”将是个常态，而对我们来说，“教孩子什么”将是个必然的挑战。

王：这种挑战意味着什么？

吴：意味着教育可以不再依赖学校、依赖老师而存在，这会真正带来“新的革命”——当一个知识获取只需“点击”的时代到来，便意味着教育概念内涵也要产生根本性的变化。

二、教育概念的内涵升级

王：确实，互联网文明的发展不仅带来了未来学习形态的变革，还会对教育发展产生由外而内的更深层次的影响。请具体谈谈您在这方面的灼见。

吴：社会文明的进程影响着教育的发展层次，教育概念的内涵与时代进步的趋势紧密相关，顺应了就会引领社会进步，反之，就会贻误发展时机。传统的教育概念往往把“人的教育”局限于学校的一次性学习经历，社会再根据人受教育的学历程度赋予人不同的职业，从而拉开了人与人的阶层差距。所以说是一次性的学历教育经历提升了学校在社会中的地位。

王：您这个“一次性”的概念挺有意思，道出了传统学校教育的本质。也正是在这个一次性教育的认知误区下，才造成了长久以来人们都以为学校能够培养人才的虚幻期望。可谓“一语点醒梦中人”。

吴：是的，教育概念的内涵首先从一次性学习升级到终身教育概念，也让学校教育的性质和地位发生了根本性的变化。1965 年法国学者保罗·朗格朗首次提出了“终身教育”概念，他认为在信息爆炸的背景下，教育对人将是一个“从摇篮到坟墓”的终身过程，而不是一次性的。正是在这个基础上，美国学者罗伯特·哈钦斯 1968 年又提出了“学习型社会”的概念，法国学者埃德加·富尔 1972 年就直接指出“学习即生存”，“终身学习”将是人类 21 世纪的生存概念，从而使教育的现代内涵更加丰富、完整，更加贴近时代发展的脉络。1972 年联合国科教文组织发布了《学会生存——教育世界的今天和明天》报告，这一报告通篇以“终身教育”为基本理念，重新解读了教育世界的历史性变革，正是这个报告从社会发展的视野认定了保罗·朗格朗的“终身教育”概念，因而《学会生存》报告被誉为当代教育思想发展的里程牌。

王：这种终身教育概念的确定引发了教育领域怎样的现实性变革反响？

吴：“风物长宜放眼量”，正是教育终身的价值所向、突破了传统教育的学历范畴，并由此逐步地改变了教育世界的质量观、人才观和发展观。对这一巨大进步首先作出积极反响的是教育普及程度较高的发达国家：美国1976年修订《高等教育法》颁布《终身学习法》；日本1990年通过《终身学习振兴法》；韩国1996年修改《社会教育法》为《终身教育法》；欧盟2000年发表了《终身学习使命备忘录》。

王：中国的情况如何？终身教育的概念是在什么时候对中国教育的内涵认知产生实际影响力的？

吴：发展中国家接受终身教育理念、醒得最早的国家是中国。联合国科教文组织1972年发布《学会生存》的报告，中国1979年就有了华东师范大学比较教育研究所翻译出版的中译本，中央教科所1996年为纪念联合国科教文组织成立50周年专门设立的“联合国科教文组织教育丛书”也先后将《学会生存》报告印刷了22次。中国教育理论界的叶澜先生，曾针对我国的教育改革不失时机地指出：“正是终身教育的理念，不仅要求改变整个教育系统的结构功能与价值取向，而且要求重新审视和确定基础教育对人的终身发展价值。”“在未认清‘终身教育’之真谛，即认清教育制度应建立在为个人生命终身发展服务，并以对生命不同阶段的连续性、整体性和相关理解和尊重作为基本依据之前，所作出的教育系统的设计，很难在核心意义上完成现代教育制度建设的任务。”①

王：是否可以这样理解，如果我们认为学习是一次性的经历，那么，学校将会是人才培养的唯一通道或路径，学生必须依赖于学校教师才能实现自我成长的理想，而一旦建立终身教育的概念，学校就成了整个教育长河中的一个环节，而这个环节的设计是需要为学生的终身发展提供科学的帮助，也就是说，所有的教育制度设计必须围绕着个人生命需求而展开，将学习的主动权还给每一个人，学校退回到为生命服务的角色上来。

吴：终身教育的概念内涵首先意味着对教育制度的升级认知，不再只是管学校的某个阶段，而是要管到“从摇篮到坟墓”的整个生命发展历程；其次就演化出学习型社会的概念，这是对社会形态的升级认知，即“教育——财富蕴藏其中”，这意味着教育将不再是社会的组成部分，而是与整个社会发展休戚相关。而对于个人而言，则是从学校学习延伸到终身学习的概念，教

---

① 叶澜：《“新基础教育”论—关于当代中国学校变革的探究与认识》，教育科学出版社 2006 年版，第 130～131 页。

育成为一种“21 世纪的生存概念”，这是对生存方式的定位，学习即生存方式。这便又给学习者带来一个问题：学什么？这就进一步带来学习价值的时代变更。

三、学习价值的时代变更

王：学习价值的时代变更与人才观的发展变化紧密相关。中国为何会这么快地对终身教育的概念产生积极反应，我想有其自身的原因和道理，或许是正好戳到了中国教育千百年来的人才观和质量观的痛处。

吴：是的，中国教育具有极其独特的历史渊源。西方学者誉中国的“考状元”为影响世界的“第五大发明”，因为它创造了世界文官的选拔体制。中国人痴迷于“苦读书”首先源于千年的状元时代，因为它开辟了平民参与国家机构的仕途之路，它对读书人的最大诱惑就是“一朝榜上提名，从此平步青云”。1905 年 9 月晚清政府被迫取消了考状元制度，中国教育进入了精英化时代，由于人均受教育水平极低，要改变“脸朝黄土背朝天”的生存状态，“学而优则仕”仍然是社会普遍的价值追求。2005 年中国人均受教育达 8.3 年，高等教育毛入学率跨过 20% 的关口，进入了教育的大众化时代。2015 年人均受教育将达到 9.3 年，高等教育毛入学率达 36%，按规划 2020 年将跨过40%接近普及化的时代。从上述的千年状元、百年精英、十年大众的教育进程来看，我认为1999年“取消大学生国家包分配制度”是中国教育变革的一个重要的转折点。如果有人问中国社会何时进入了学习化？应该肯定地回答是1999年。因为“学习是自己的事，立业由个人承担”削减了学历教育的功利性追求，“大学生就业难”使教育的适合与不适合又直接关系到现代人的生存发展方式。正是这些断裂惯性思维的变革，为教育从一次性学习向终身化升级的整体转型，也为实施教育国家意志十年发展的规划奠定了一定的基础。

王：这种教育改革整体转型蕴含了哪些方面的价值内涵变迁？

吴：事实上真正的教育改革不是方式方法、设置内容的变化，而是教育的人才观、质量观、发展观的根本转型，也就是叶澜先生所强调的“核心意义”。而变革现代国民千百年来已经形成的教育观念需要一个合理的渐进过程，这个渐进的过程从中国的国家层面上尽管没有直接立法终身教育，但却结合本国的发展实际从教育的“现代化”角度呼应了教育发展的时代变革。

从教育价值的取向层面上看，1993年中共中央、国务院颁布的《中国教育改革和发展纲要》第一次明确提出了“中小学要由‘应试教育’转向全面提高国民素质的轨道，面向全体学生，全面提高学生的思想道德、文化科技、劳动技能和身体心理素质，促进学生生动活泼地发展”。教育要着眼素质的提法也由此产生。

从具体办学目标的层面上来看，1999年中共中央、国务院发布了《关于深化教育改革，全面推进“素质教育”的决定》，第一次明确指出“面对新的形势，由于主观和客观等方面的原因，我们的教育观念、教育体制、教育结构、人才培养模式、教育内容和教学方法相对滞后，影响了青少年的全面发展，不能适应提高国民素质的需求”，教育转型的意识由此确立。同时也第一次明确了“实施‘素质教育’应当贯穿于幼儿教育、中小学教育、职业教育、成人教育、高等教育等各级各类教育，应当贯穿于学校教育、家庭教育和社会教育等各个方面。在不同阶段和不同方面应有不同的内容和重点，相互配合、全面推进”。教育改革的全面性也由此树立。

王：从应试教育转向素质教育，从阶段性学习转向全面性改革，确实体现了终身教育概念对于中国教育适应时代需求的学习价值发展变革影响。

吴：也正是在这样的转型趋势推动下，2010年经国务院、中共中央审议通过的《国家中长期教育改革和发展规划纲要（2010－2020年）》正式发布，第一次将教育纳入了“民族复兴”的国家战略。通过这个发展规划来构建全民终身学习的教育体系，用十年的时间实现中国教育的“现代化”和国家意志的“素质教育”的目的。

四、国家意志的民生转型

王：所有改革似乎都遵循这样一条路径：社会萌发、学者觉知、民间倡导、实践行动，然后引发政府关注并推动国家意志的引导发展，才能真正建立并实施全面有效的改革举措。那么，您觉得在终身教育的理念变革上，中国教育经历了怎样的国家意志转型发展历程？

吴：这一步变革首先是从国家意志的“民生转型”开始的。从十七大开始，社会意识到“民生是最大的政治”，教育需要为政治、为经济、为社会服务，因而提出了教育回归民生的导向，学习方针则回归到劳动者、创业者和职业人的人本，表现为技能型和学术型大学各占半壁天下，体现了学习回归人的生存本能的认知理念。而到了十八大提出的教育政策直指教师队伍建设，发展回归师本，回归到在物质与精神、硬件与软件诸要素中，人的因素第一。比如刘延东在2008年提出“伴随一生的终身教育、覆盖全民的公平教育、资源共享的优质教育”三教观念，而袁贵仁则在2013年表达了“有教无类、因材施教”的为师之本以及“终身学习、人人成才”的为学之本教育梦想，都从不同角度体现了这种民生转型理念。

王：这是否意味着中国教育从应试教育向国民素质培养的全面转型

变革？那为何在现实生活中人们并未能感受到这种全面改革的成效，总觉得中国还在应试教育的水深火热之中痛苦翻腾？

吴：按我的理解，国际终身教育的概念在中国教育国家意志层面的表述就是“现代化”，在办学目标上的表述就是“国民素质”。其表述的核心内涵是要构建适合现代发展的人才观、质量观和发展观。三种观念的变革是转型性的从 A 到 B 的蜕变，不是完善性的从 a 到 A 的调整。现实中深化改革的主要阻力正是旧有观念的持续发酵。

王：请您具体地为我们分析一下。

吴：先说人才观。在中国，历史的原因人们曾约定成俗地把“识文断字”和“有学历”的人统称为“才子”，有才之子中的状元、最高学历者必然就是才子中的精英。然而学习上的才子不等于就是社会实践中的人才，社会是实现人存在价值的主要场所。所以学习上的才子也只有在社会实践的具体行业中才有可能成就自己的事业。例如，前面我们说过，社会认定的科学技术界的诺贝尔奖获得者，政治经济界的成功人士，文化艺术界的大师均是在长期的、艰苦的社会实践的积累中造就的。从学校最发达的西方教育来看，创造西方工业革命的先驱瓦特、爱迪生、诺贝尔、爱因斯坦，以及开拓现代电子伟业的乔布斯、比尔·盖茨，不仅不是学校教育的成果，甚至是离开了学校的教育模式而成就了自己的事业。中外历史上这样的事例之所以不是个案，就是因为学校教育的共性特征，决定了它的教育方式是适合绝大多数的普通人的，无法包容特殊人的发展路径。现实中的学校教育要么以“学霸”为标准，拉所有的学生加班加点去拼升学率；要么以高分值的录取底线挤压“奇人偏才”的生存空间，缺乏包容性的“有教无类”。为此，真正的人才或是大师级的真才实学不可能产生于学校的共性教育，学校只不过是他们初始阶段的经历而已。那些借助名人的广告效应，张扬自己培养了人才的学校，说到底也是对教育境界“因材施教”的本质价值认知不足的表现。

既然真正的人才不是教育出来的，那么学校教育的人才观究竟以什么为标准呢？我认为现代教育还是要从千年状元、百年精英过于偏执的功利误区中走出来，回到“有社会主义觉悟、有文化的劳动者”的普世教育目标上来。2010 年中共中央、国务院所启动的《十年人才发展规划纲要》又进一步明确了国家意志普世价值的人才标准为“专业知识专门技能的劳动者”。“有觉悟、有文化”“专业、专门”的劳动者是教育的根本任务。学校教育中的人在进入社会之前，是从人的“稚嫩”开始，经历从容的集体生活与学习，以有觉悟、有文化、专业、专门为基本方向，逐步向完整的“社会人”迈进，这是国家对学校教育最基础、最基本的要求。至于这些初始阶段的“社会人”什么时候成为“拔尖人才”“创新型人才”甚至

“国际化人才”那是他们离开学校十年、二十年甚至几十年以后专业、专门实践上的事。学校教育对这个未来既不可知，也无法预测，更没有必要自作多情地扩大这个不可能达到的责任。这不仅是因为中外学校教育的实践证明了“学生就是学生，社会实践才是人成才的唯一途径”。更重要的原因是社会文明的进步层次决定着学校教育的地位。社会在知识信息不够流畅的时代，社会对人之“才”的选拔不得不看重人之初知识拥有的潜质；而当人人都可方便快捷地获取信息知识的时候，人之“才”的鉴别也只有通过社会实践才能检验。也就是说社会实践不仅是检验“真理”的唯一标准，也同样是检验人之“才”的唯一途径。这一途径不仅适合专业、专门创造性人才的选拔，更适合管理者、公务员、企业家和接班人的选拔。因此，社会人才观要由人之初的“学习状态”转向人社会性的“实践检验”，决定了今天学校的教育的是否从容，是否理性。

王：您的分析，是否可以这样理解，在国家意志层面其实已经在全面推进教育内涵的升级与学习价值的转型，但人们对于千百年来形成的人才观念定势反而阻碍了这种转型变革的顺利发展？

吴：不仅是人才观的问题，还有质量观。互联网文明时代，学习途径无处不在、方便快捷的容量使已有的知识变成了人人可随时提取的“硬盘”。教育的概念已升级为“终身”，学习方式已转换为“生存”，这无疑对以传授知识为中心的学校教育是个极大的挑战。现实中的学业水平考试、评估基本上没有脱离学科教材的范畴，尽管我们不断要求“减负”、不断强调课程改革的“三维目标”，但是顽疾般的“统考排队”不仅固化了以知识记忆为目标的质量观，还簇生了各级各类的考试“加工场”，从而使择校的弥漫像邪教般的疯狂，结果，所谓的教育质量以表面的数量记录压抑和掩盖了孩子们的个性成长，最终贻误的是孩子们可持续发展的实际能力。

王：看来固有观念的阻力来自于学校和家庭双方面，明明是实践者自身“不思进取”，却常常怪罪国家改革不力，这种现象确实引人深思。

吴：世界管理大师彼得·德鲁克曾告诫管理者们：“在知识社会，知识基本上只存在于具体的应用中。”“知识与能力”“智商与情商”“教是为了不教”仍是今天社会、学校教育质量观亟待更新的关键所在。孩子的教育是一个比农业还要农业的过程，但是我们非要用工业的方式去加工，结果必然是付出了一批又一批孩子本该生龙活虎的成长作为代价！现在已经到了必须“断腕”的时刻，因为教育的深化改革对中国社会生产力的贡献已经没有可退之路了。

王：您这一番话让我想到十六七年前我参加基础教育课程改革教材编写并在全国各地给小学教师培训讲课的情景。当时就有许多听课老师向我提议说，这些理念首先应该给教育局管理者、校长们讲，还要给广大家长讲，否则光我们教师懂得这些道理有什么用？上面有校长、局长管着，旁边有家长观念逼着，我们还有多少空间去改革创新？回想一晃过去这么多年，国家层面的教育改革方向一直前行，但实践层面却依然未见明显改观和成效，还被越来越紧张的社会呼声逼到了悬崖边缘，确实到了需要“断腕”逆转之时了。

五、人尽其才的专业导向

王：那么如何实现这种“断腕”之变，彻底扭转局面呢？

吴：从社会认知层面，这种“断腕”之变，还需要从根本上去弄清教育的发展观，也即生存就业观。首先要意识到“考状元可当官，上学无需劳作”已经远离了这个时代。“学会生存”这个教育的世界性的呼声最先是由发达国家喊出来的，中国教育的快速发展不可能越过普及化时代这个进步的门坎。国家教育规划与人才规划几乎同时颁布就已经表明了，教育必须要服从社会生产力的发展需求。中国人才发展十年的规划目标，是要求教育在2020年前再培养6600万、平均每年660万个具有专业知识和专门技能的劳动者。这样我国人力资源总结构中的人才比例（即专业专门的劳动者），才能达到发达国家15%的底线标准。我们今天社会生产力的水平仍处于高耗、低端的加工业，与发达的“德国制造”“日本制造”，以及亚洲“四小龙”的差距，就在于人力资源结构中人才资源的比重上。只有改变这个比重才能提高中国社会生产力的水平，所以李克强总理只能预测“中国制造”将出现在2025年，也就是人才资源构建完成之后的第五年。

王：国家教育规划与人才规划几乎同时颁布，这是一个有意思的关联，请再具体加以解读。

吴：阅读《国家中长期人才发展规划》，你会清楚地看到我们每年急需的660万个专业专门劳动者的紧迫性。《规划》列出了七个教育培养的途径，第一个途径是党政人才队伍，但没给具体的数量，却提出了“结构更加合理，总量从严控制”的十二字要求。这与李克强总理“只减不增”、改革国家公务员体制的精神一致。缩小政府的职能、简政放权，让大批有用的人才从扎堆的机关回到实践创新的第一线，是激活社会的发展潜力，实现本届中央政府构建国家治理体系的重大举措。它关系一个国家更长远的综合实力和人才流动的方向。“管理”和“治理”虽然只是一字之差，但传统的管理基本上就是宝塔式机关权力、责任的层层分解。机构庞杂、人浮于事是它难以克服的弊端。事实上政治、经济、文化都有其各自的发展规律和价值追求。而治理的指向恰恰是尊重客观规律和核心价值的整体构建。所以，人才规划在这一方向没有设定具体的数量也是国家行政机构深化改革的必然。

王： 社会上很多家长还希望自己的孩子去考公务员，看来这一条是最需要广大家长、学子们领悟觉醒并与时俱进作好调整的，否则反而将自己的前途误导。

吴： 是的，在这样的人才规划趋向下，学而优则仕、成千上万人挤考公务员的现象将会发生很大的变化。

第二个途径是企业经营管理的人才队伍，规划 2015 年增至 3500 万人，2020 年要达到 4200 万人，年需 140 万人。第三个途径是专业技术人才队伍，2015 年要达到 6800 万人，2020 年达到 7500 万人，年需也是 140 万人。第四个途径是高技能人才队伍，2015 年达到 3400 万人，2020 年达 3900 万人，年需 100 万人。第五个途径是农村实用人才队伍，由 2015 年的 1300 万人到 2020 年的 1800 万人，年需 100 万人。第六个途径是社会工作人才队伍，总量从 2015 年的 200 万人到 2020 年的 300 万人，每年需 20 万人。第七个途径是国家重点领域急需、紧缺的专门人才，规划到 2020 年，在装备制造、信息、生物技术、新材料、航空航天、海洋、金融财会、国际商务、生态环境保护、能源资源、现代交通运输、农业科技等重点培养专门人才 500 多万人，年需 50 万人；在教育、政法、文化宣传、医药卫生、防灾减灾等社会发展领域培养急需、紧缺专门人才 800 多万人，年需 80 万人。上述六个途径合计每年需要 630 万人，还有30万人的差额，但我相信这30万人一定会消化在急需、紧缺的人才队伍中，因为它直接关系我们国家经济在国际市场的竞争力。

王：那么，按这样的人才规划，现有的中国教育培养体系能够满足基本需求吗？

吴：我们国家1999年大学扩招至2010年之后每年都有600万以上的应届高校毕业生进入社会，应该说能够满足人才规划专业、专门劳动者的需求。但实际上我们大学生的就业能力却并非如此。据近年统计，我国在农业就业的大学生比例仅为0.6%，而同期的美国是24.6%；我国在制造业就业的大学生为10.3%，美国是30%；我国在服务业就业的比重为11%，美国是28.6%。我国三项合计21.9%不到1/4，而美国在此三项的就业率就已达到83.2%。再据麦可思数据公司调查，中国2009届高校毕业生自主创业比例："211"院校为0.4%，非"211"院校为0.8%，高职高专也仅为1.6%，合计自主创业的大学毕业生不到3%。很明显，是大学生的社会就业观还停留在状元、精英时代，因为那个时代你可以像爷爷或早期的父辈那样闭着眼睛只管读书，拿到学历就自然有了社会的位置。但时过年迁，教育普及化带来的新问题也反映了高等教育如何由学术向专业的转型。正是社会就业观与教育发展观的整体滞后让孩子和社会都付出了代价。所以，袁贵仁部长在2014年全国教育工作会议上明确地指出："就业是个试金石，高校办得好不好，归根到底要看学生就业能力强不强，创业水平高不高。"

六、观念更新的泡沫障碍

王： 听您上面这一番解读，我才更深刻地理解中国大学生毕业即失业的原因所在，看来，中国教育的彻底变革必须从整个社会的就业生存观念开始更新。

吴： 是的，上述对人才、质量、发展三种观念在社会转型期的障碍解读，自然再让我们联想到美国《上学真的有用吗?》一书作者约翰·泰勒·盖托的"教育泡沫说"。事实上教育理性难以回归的主要障碍，就是被社会急功近利膨胀了的人才观、质量观、发展观的泡沫。

首先看人才观上的泡沫。前面我们也提到，《北京晨报》2013年3月21报道的2012年度中国主要城市公共教育公平感调查报告：以"上学能否改变命运"为题进行若干城市的调查问卷，统计的结果如下：持否定的北京最高37.2%，最低是乌鲁木齐17.5%；持肯定态度贵阳最高64%，北京最低45.2%。北京终究是中国教育思想最开放、最活跃的城市，所以有近四成的人能理性地认识今天"上学"与"成才"的关系。但持肯定态度的人也没有超过半数，还有近两成的人持中立的态度。而另外持最低否定态度和最高肯定态度的城市均在西部地区，由此看来“唯有上学可成才”的泡沫在西部地区明显高于东部沿海地区。中西部地区尽管有教育经费投入不足的事实，但学校大班额问题突出、学生负担过重，一些高考“加工厂”能堂而皇之落户于中西部，自然是人才观滞后的结果再现。

王：西部地区人才观落后明显，那是否东部沿海或发达地区就会大大改善呢？

吴：不一定，人才观另一个被放大了的泡沫是“出国留学可以成才”。应该肯定“出国留学”对改变封闭、封建的农业中国，复制西方现成的工业技术，推动中国走向世界的工业文明曾发挥了重要的作用。所以清朝末年李鸿章、张之洞在“中学为体、西学为用”“以夷制夷”的策略下，于1872年开启了中国首届“官派”留学生制。留学的一切费用均由国家支付，并提出了出国后“不许剪掉头上的辫子、学成后必须回国”的要求。当时有权有钱的家庭对孩子一出去就十二三年不够放心，所以留学生中大部分都是从广东、江苏的农村招募上来的。建造北京八达岭京张铁路的詹天佑，是首批留学生中回国创业的一个代表。据统计，到1978年，这106年间，官派留学生为13万人。而1978年至2008年30年改革开放期间官派留学生就达120万人，随后自费出国留学的人数逐年增加，2014年竟高达 42.3 万人。自 1872 年至今的 142 年间，中国出国留学生的总数已达 364.84 万人，这其中还没有包括近几年越演越烈的低龄化出国的人群。

“出国留学成才”是我们“上学可以成才”泡沫的国际版本，只不过它的衍生地又转向了我们东部沿海相对发达的地区。反思 142 年来我们先后出去了这么多的学子，甚至其中不乏若干的精英，却没有一个能为国家捧回“诺贝尔奖”，基本上都是在“洋打工”，改善了个人的生活层次而已。但仅从出去上个学来讲，对大多家庭和学生来说，这样的投入到底有多大的承受力呢？这使我想起了联合国科教文组织 1972 年《学会生存》报告中对西方高等教育的评述：“那种学院模式至今还受到高度重视，而且在一定社会的和短暂的环境中还产生过人们所期望的结果。但是今天看来，不仅就工人阶级来说，甚至从实用上考虑对资产阶级青年来说（这种模式根本是为他们设计的)，这种学院模式已经过时和陈旧了。它顽固地维持着前几代人的怪癖。它过分地依赖理论和记忆。它给了传统的、书面的和复述的表达方式以特殊的地位，损害了口语的表达、自发精神和创造性的研究。”[1] 1996 年科教文组织在《教育——

① 联合国教科文组织：《学会生存——教育世界的今天和明天》，教育科学出版社 2002 年版，第 12 页。

财富蕴藏其中》的报告中又进一步描述："这个教育体系难以适应日益发展的社会需要。它所教育出来的人并没有受到恰当的训练，因而不能适应社会的变化。当这种体系所授予的资格和技术不能满足社会的要求时，这些社会便拒绝接受这些毕业生。"① 我想社会上戏称留学生为"海归（龟）""海待（带）"不是毫无根据吧。事实上西方的学校没有为发展中国家培养人才的义务，招收留学生大多是着眼于经济利益。据《中国青年报》2013 年 10 月 9 日董伟的文章揭示，现在"美国有 1008 所野鸡大学，比 2010 年增加 198 所，40% 分布在加利福尼亚、夏威夷、华盛顿、佛罗里达州。美国野鸡大学每年授予的学位证书 95% 给了中国人"。此文如果确实，那这种留学就不仅是泡沫还要外加欺人骗财了。

王：除了"上学可以成才"的这观念泡沫外，中国还有什么教育观念也亟待需要更新的？

吴：泡沫中最具杀伤力的是对"不能输在起跑线上"这句广告词的误解滥用。它产生于我国改革开放初期的"快出人才""从娃娃抓起"的急功近利思维，活跃于教育市场的利益驱动，泛滥的根源是应试评价"一考定终身"的质量观。考什么就学什

---

① 联合国教科文组织：《教育——财富蕴藏其中》，教育科学出版社 2001 年版，第 123 页。

么，应试要的就是眼前的结果，打造应试名校对办学者的捷径就是“挖名师”“抢生源”“拼时间”；打拼输赢起跑线对家长的策略就是“择名校”“上夜校”“练特长”。竞争扭曲了儿童的人性、加剧了教育的贫富差距，违背了人成长的客观规律——“大器晚成”。事实上社会的急功近利引发的教育浮躁，并没有撼动那些根基厚重的家庭教育，因为创造这句广告词的不是真正的教育人，而是各式各样培训机构的经营者。突破教育泡沫的困惑，最大程度减少“英年早逝”儿童的数量，说到底还是要取决于质量观、人才观的根本性变革。推动这一变革又使我联想到德国的基础教育。《北京晚报》2013 年 7 月 31 日以“德国基础教育启示录”为题报道：幼儿园混龄编班不学写字计算列入法规，小学只上半天课很少去上课外班；而其国民素质——自诺贝尔奖设立以来，德国人（含移民美国、加拿大等国的德裔）获得世界诺贝尔奖总数的一半。换句话说，世界 60 亿人口中 8200 万德国人拿走了一半影响人类进步的发明创造。这之间是否有必然联系无法确证，但这个故事不得不引起我们的反思：一个德国的父母发现自己的孩子智商高于普通人，要求学校让孩子跳级，那位接待家长的老师“瞪大眼睛问家长，你想让孩子变成硬盘吗?”，这是专业的提问，也教育理性的提问。

王：不要让孩子输在起跑线上，这句话的出处已无法考证，但这句话屡被教育商业利用倒是事实。人生百年，幼学为始，“人生起跑线”对于终身生命发展的重大奠基作用已毋庸置疑，但这并非意味着只是对孩子进行读写算的技能学习训练，而是“幼儿养性、蒙童养正”的人格培育之基，就像我们整个教育长河一样，也需要从头梳理才能回到什么才是真正重要的理性本源认知，从而打好基础、把准方向，避免误入低效高耗的迷途。

吴：是的，我们在这里讲述教育转型性变革的“源起”，从人类文明的发展里程到世界教育的概念升级，再到中国教育的时代变迁，来梳理社会教育观念困惑的来龙去脉，也是为了让教育、让办学能尽快“回归理性之家”，不要输在“观念决定行为结果”的改革起跑线上。

价值：现代办学之轨

“要努力构建德智体美劳全面培养的教育体系，形成更高水平的人才培养体系。要把立德树人融入思想道德教育、文化知识教育、社会实践教育各环节，贯穿基础教育、职业教育、高等教育各领域，学科体系、教学体系、教材体系、管理体系要围绕这个目标来设计，教师要围绕这个目标来教，学生要围绕这个目标来学。凡是不利于实现这个目标的做法都要坚决改过来。”

——习近平在全国教育大会上的讲话

“基础教育不再只是为入学者提供进入高一级学校或就业奠定基础的教育，而是全民教育的起步阶段；教育不再满足于培养能在众人中胜出的少数精英，而是要成为面向大众的人生教育。这是中国教育的价值取向从仅仅服务于选拔的精英教育向满足全民教育需求的大众教育转型的重要起步。”

——叶澜《新基础教育论》

“教育回家”，既是纵观在社会历史的现实起点回归教育原理之基，又是放眼人类文明的理想座标构架教育发展之轨，两者之间的距离，需要通过现代化办学实践来连通到达。那么，现代化办学之路，又依赖于怎样的条件才得以成功铺设？清华大学校长梅贻琦曰：“所谓大学者，非谓有大楼之谓也，有大师之谓也。”而教育如何成就大师？不是硬件设备，不是校舍条件，而是让教育回归育人根本，播下“价值”的种子并有效培育，期待这一价值观念发芽生长的社会改革土壤。

接下来的历程，让我们跟随吴国通老师关于教育价值的分析论述，一起走近现代办学的重建之轨。

一、规划：国家意志的治理脉络

王：吴老师，前面您从人类文明的历程开始梳理教育发展的源起，再到世界教育的概念升级与中国教育的时代变迁，为我们理清了教育发展之路的来龙去脉，这对于中国教育具体的办学实践改革具有怎样的意义？

吴：前面我们说过做事有三点最重要：一是方向，二是定位，三是行动。方向决定成败。因此，我们若来要谈论中国的教育改革办学实践，首先就要明确国家的战略目标，而前后“两个一百年”是国家战略目标的时间节点。共产党成立一百年的目标是“小康社会”，新中国成立一百年的目标是“现代化国家”。二者的联系是基础与目标、前提与结果的关系。影响战略目标实现的前提有多种因素，政治、经济、科技，甚至意外的天灾人祸，放大任何一方都可能改变目标的实现进程。但是最为基础的前提还是教育的发展。所以，现在提出的教育现代化的目标倒比国家的现代化提前了30年，业内外不少人认为这既不符合发展逻辑也是不可能实现的事。我倒认为，如果从现代化的根本是实现“人的现代化”目标来讲，今天的教育变革、现代化的办学就必须关注国家制定的三个发展规划，即《国家中长期科学和技术发展规划纲要（2006—2020年）》《国家中长期人才发展规划纲要（2010—2020 年)》和《国家中长期教育改革和发展规划纲要（2010—2020 年)》。

王：这三个规划对于我们的办学改革具有怎样的密切相关性？

吴：三个规划给了我们一个很自然的逻辑关系认知脉络——科技需要人才，人才需要教育，教育需要现代化的办学。而现代化的办学说到底就是教育的价值观、发展观的根本转型。具体教育规划的现代性指向，即战略目标“基本形成的学习型社会、体系完备的终身教育”、战略主题“以人为本的素质教育”、战略任务“义务教育的均衡发展”等等，都不是外在表述性语言的变化，而是与人的教育观念、发展方式直接相关的、目的性的标志。这一切变革的根本取决于人现代性的理性价值的蜕变。因此，现代的办学不是修修补补、加加减减的调整，更不是表述方式换汤不换药的语言装饰，而是要从价值观、发展观以及与它直接相关的体制、机制入手的整体重新建设。

王：重建从何处开始？

吴：对于重建，国家意志的顶层设计已经清晰明确，规划的落地将取决于体制机制深化改革的“管办评”分离，而基层探索则源于办学者价值理性实践的自我构建。

二、理性：深化变革的理论依据

王：现代办学的价值重建，确实需要以办学者的自我理性建构为前提条件，没有这一步的主体性变革力量，再完美的顶层设计与整体规划都难以在基层实践中落地实现。请您具体谈谈这一方面。

吴：办学实践的重新建构，其理论依据我们在前一章节已经表述，我建议要认真读透三本书，其中两本是联合国科教文组织的报告，即1972年的《学会生存——教育世界的今天与明天》，1996年的《教育——财富蕴藏其中》，第三本是2006年华东师范大学叶澜教授的《“新基础教育”论》。改革开放以来有关教育的书籍成千上万，教育的说法也成百上千，就办学来讲，我认为必须从研究教育的基本原理入手，所以只选择了叶澜先生的专著。

王：为什么？

吴：如果说《学会生存——教育世界的今天与明天》这本联合国科教文组织关于世界教育发展问题的报告确定了“终身教育”概念作为世界教育发展的思想里程碑，而《教育——财富蕴藏其中》这本由国际21世纪教育委员会雅克·德洛尔提交的报告则进一步阐明了终身教育的任务是学会求知、学会做事、学会合作、学会生存这“四大支柱”。而叶澜教授的《“新基础教育”论》则更加具体地论述了当代中国基础教育学校重建的目标方向。她在书中指出：“唯有尊重个体发展的大众教育，才会为社会提供充满生机和活力的一代新人。”我认为恰是对前面两个报告主旨内涵的继承和发展。

王：这句话让我想到我们一直以来的教育方针：面向全体、因材施教。很多人将这个方针实际理解为关注集体忽视个人，因而导致我们的教育实践往往只见整片森林不见一棵棵树木。而其实，就教育对于人的成长价值来说，没有一棵棵树木，又何来大片森林呢？面向全体，不是面向集体，更不是偏向精英，而是关注每一个个体的发展需求，这样才能真正做到因材施教——根据每一个人的潜能特点去予以支持引导，这才能实现真正意义上的面向全体。在这里，尊重个体、大众教育、一代新人是一个内在逻辑严密递进的因果关系。

吴：是的，这也从另一方面说明了正确观念与价值认知对办学实践的重要影响作用。我还要重复叶澜所言："无论是教育的宏观变革，还是学校教育的内部变革，都不能没有教育观念的变革。或者说，没有观念的系统变革，就没有深入的、自觉的、富有成效的实践变革。"他提出："正是终身教育的理念，不仅要求改变整个教育系统的结构功能与价值取向，而且要求重新审视和确立基础教育对人的终身发展价值。"并进一步告诫我们："在未认清'终身教育'之真谛，即认清教育制度应建立在为个人生命终身发展服务，并以对生命不同阶段的连续性、整体性、相关性的理解和尊重作为基本依据之前，所作出的教育系统的设计，很难在核心的意义上完成现代教育制度建设的任务。”①

王：确实剖析得极其深刻。当前中国教育之痒，恰恰是因为缺乏对个体生命终身发展的整体性、连续性和阶段性、相关性的认知理解与尊重关切，因而无论如何耗费九牛二虎之力去做教育改革，都会陷入头痛医头、脚痛医脚的事倍功半而又纷乱的误区。

吴：是的，教育改革的目标实质不是要创造新说法，而是要回到基本原理之家，让教育更适合现代人的发展。现行诸多教育的特色说法，基本上都是纠偏性质的理想期待，如“快乐、成功；自主、个性；和谐、幸福”等等，其价值的根本追求仍是教育基本原理的回归，即教育如何帮助人们获得一生幸福感的提升。记得有一位美国哥伦比亚大学的哲学博士霍华德·金森，在 1988 年准备他的毕业论文《人的幸福感取决于什么》时，曾经发放了 10000 份问卷去做调查，分非常幸福、幸福、一般、痛苦、非常痛苦五个选项，结果回收了 5200 张有效问卷，仅有 121 人认为自己非常幸福，其中 50 人是成功人士，71 人是家庭主妇、卖菜的农民、普通职员甚至流浪汉们。他根据调查结果得出这样的论文总结：“这个世界有两种人最幸福，一

① 叶澜：《“新基础教育”论—关于当代中国学校变革的探究与认识》，教育科学出版社 2006 年版，第 130～131、144 页。

种是淡泊宁静的平凡人，一种是功成名就的杰出者。如果你是平凡人，你可以通过修炼内心，减少欲望来获得幸福；如果你是杰出者，你可以通过拼搏进取获得事业成功，获得更高层次的幸福。”但时隔20年后，留校的霍华德·金森已成为终身教授，2009年6月，他偶然翻出论文，忽然好奇那121名“非常幸福”的人现在如何。于是他用三个月进行了第二次问卷调查，结果显示：71个平凡人中有2人去世，69人有成功的，有仍旧平凡的，也有遭遇疾病或意外的，仍觉得自己“非常幸福”。而那50个杰出的人中，有9人仍旧选择“非常幸福”，23人选择“一般”，16人选择“痛苦”；2人选择“非常痛苦”。这个结果让他大为吃惊，因此，他在《华盛顿邮报》以“幸福的密码”为题，详细叙述了两次问卷调查的过程与结果，并在论文结尾表达了这样的观点：“所有靠物质支撑的幸福感，都不能持久，都会随着物质的离去而离去。只有心灵的淡定宁静，继而产生的身心愉悦，才是幸福的真正源泉。”

王：这个故事确实非常有意思，它让我想起哈佛大学的幸福课。

吴：是的，哈佛大学泰勒·本·沙哈尔轰动一时的“幸福课”，被认为是“因抑郁而诞生”，因为20世纪先后出现的三大件——飞机、电视、互联网，彻底改变了人类的空间感、时间感、图像意识和视觉经验，促进了政治、经济与文化的多元交融，造成贫富差距、就业压力及价值失落，使人的精神充满了浮躁、焦虑和抑郁。而积极心理学的核心观点认为："要在内心接受自己全然为人，每个人都会体验到心理的高峰和低谷，要接受自己每一个当下所体验到的各种情绪。"当你感觉不舒服，感到心烦、焦虑，就等同于不健康吗？错，相反这是精神上非常健康的一个表征，因为"世界上只有两种人从来不会体验到负面情绪，那就是精神病人和尸体。"因此，本·沙哈尔坚定地认为："幸福感是衡量人生的唯一标准，是所有目标的最终目标。"这个所有目标，自然包括整个教育的价值目标。

三、幸福：教育价值的终极目标

王：这就要说到幸福教育的问题了。记得我在2003年出版《打造孩子一生幸福的幼儿教育》这本课程专著时，还被教育业界的朋友称为"理想国"，认为用终身幸福目标来建构课程体系过于理想化，与现实相距甚远。可十几年过去，现在的中国社会已经是一片幸福教育的热闹呼声了，真有些"忽如一夜春风来，千树万树梨花开"的感觉。当然，也感受到终于迎来幸福教育共鸣之春的欣慰与鼓舞，不再像那个时候那么孤军作战。

吴：教育回家的路，从来就不会孤独，因为它契合每个人的内在需要，适应整个人类文明的发展方向。其实，关于幸福教育，早在1999年，南京师范大学朱小蔓的博士生刘次林就从教育与人的本能关系上解读“教育是人的幸福属性”，表达了“教育需要回归人性的思想和意识的革命”的观点，这本《幸福教育论》的博士论文于2006年出版，书中提出：幸福是人的生理幸福、心理幸福和伦理幸福的辩证统一，是人性得到肯定时的主观感受；幸福与教育具有天然的内在联系，幸福是教育的终极目的，是“个人本位论”和“社会本位论”得以健康统一的价值标准。他还认为：我们需要一种人道主义的教育体制，把教育的一切都与师生的幸福生活联系起来，消除人与人、人与物、人与制度间的二元对立，让人成为教育的主人。最后他的结论是：教育是唯一面临全面人性的幸福事业，教育要革命，但其最根本、最深刻的革命是人的教育意识、教育思想的革命。

王：这让我想起我当时构建幸福课程理论体系时最初的表述为：引导孩子从小学会终身幸福生活所必须具有的基本观念、基本知识与基本技能，当时我给这个课程的命名为“家园同步学会生活课程”，后来越来越意识到“幸福体验与幸福创造”才是“学会生活”的根本目标，所以后来便改为“全能宝宝”(whole child) 幸福课程，一方面指幸福人生需要立足于全人格发展，即全面人性的幸福体验，这需要从婴幼儿时期的“宝宝奠基”开始，另一方面学会生活即为拥有幸福力，包括感悟当下幸福的意识与创造未来幸福的能力，并进一步将幸福力培养目标表述为健康的身心、积极的情感、丰富的认知、全面的技能这四大素质目标，通过这种幸福力的引导培育来帮助每一个孩子从小获得健康安全的生活、独立自主的生活、民主规范的生活、智慧创意的生活这四个层面的幸福生活体验，分别代表一个人生命存在的基础维度、自我价值的主体维度、社会认同的归属维度和人生创造的意义维度等不同幸福维度，而富于创造的生活才是幸福人生的最高体验与终极追求。

吴：正是因为“幸福感是衡量人生的唯一标准，是所有目标的最终目标”，所以自然而然会出现有识之士们从不同角度论述幸福教育的“条条大道通罗马”的殊途同归共鸣现象。如前所述，刘次林是从教育与人的本能关系上解读“教育是人的幸福属性”，泰勒·本·沙哈尔则是从积极心理学的角度，来舒缓社会急速发展给人们带来的“负面情绪”，这种情绪在竞争极其激烈的精英群体中更为突出，因而在世界最高端的学府哈佛大学备受青睐。相对来讲，我认为2009年美国著名社会学家内尔·诺丁斯，从社会伦理的角度所论述的“幸福与教育”的观念，很值得我们参考。

王：经由您的推荐，我去读了这本《幸福与教育》，或许是因为作者同为女性的缘故，我觉得我们的研究视点非常相似，真有一种“英雄所见略同”的感觉。读到她在序中所言：“为什么我们常常会选择一些与我们的目的有明显冲突的手段，从而致使我们的目的实现受挫呢？例如，假如我们教诗歌是为了希望它能够成为一个人终身智慧和快乐的源泉，为什么我们却不断用分析和对技术术语的强调来让他们感到厌烦呢？我们劝导孩子去尽其所能，为什么却在他们努力但没有获得其他同学那样好的成就时就给他们打很低的分数呢？诸如此类事情，我们究竟为什么还要给他们打分呢？”① 由此得出应将“幸福作为生活和教育的目的”的结论，这让我想到自己在1997年建构《面向未来的幼儿教育——学会生活课程构想》理论框架时，也曾经面对一些社会现象这样诘问过自己：“为什么大学生的智慧难敌村野乡姑的骗术？为什么高等学府的莘莘学子学富五车却不会处理简单的生活问题？为什么我们都学过中学物理却不会接电线开关或修理简单的电器？为什么我们人人都会说‘对不起’‘没关系’却有许多人在公共场所总是因无意的碰撞而口出秽语大打出手？为什么一个人从幼儿园就开始接受各种道德情操教育，而到了成年后却还要一遍遍地补习最为基本的公民行为规范？”——从而得出教育的使命应在于教人从小学会对于幸福生活的体验与创造的综合素质，形成指向幸福成长的心智能力，只有以此为基点与宗旨，才能做出有价值的教育的方向判断，从此走上从理论到实践反复探究幸福教育生态体系的

① 内尔·诺丁斯：《幸福与教育》，教育科学出版社2009年版，第2页。

路途。

吴：诺丁斯的《幸福与教育》从2009年出版，到2012年已是第八次印刷，确实与她的论述切中了最基本、最核心的一些因素而引人共鸣有关。她从幸福目的论、幸福内涵论、幸福来源论再到幸福教育论的社会伦理论述，不仅从理论上阐明了从关系的和谐到个性的落点再到幸福的目标之现实意义，而且非常具体地指明了幸福教育的几大核心基点：（1）幸福的首要发源地是家，家是人收获幸福的主要场所；（2）人际关系领域是幸福的主要舞台，合适的职业则是幸福的基石；（3）发展学生的自我理解能力是实现幸福的主要路径之一；（4）学习是达成幸福的主要方式，非正式学习是学生获取幸福的必要形式。并从中得出这样的结论：以获取幸福能力为标志的追求是教育的规律和价值的取向！

王：非常认同这样的观点。她提出幸福来自人类生活的三大领域——私人生活领域、公共生活领域和职业领域，并认为私人生活领域是幸福的主要生发之所，这与我当时建构幸福课程“人与自我、人与社会、人与自然”三大目标体系和“个体生活、家庭生活、社会生活（包含职业认知生活）”三大内容体系的思路可谓异曲同工。而她书中关于“作为基本需要的家”“作为自我延伸的家”“持家的快乐”“热爱住所”“自然的关联”“责任和幸福”“品德和精神”等章节的论述，读来我感觉简直就像是为我们的《家园同步幸福课程》每一个相关主题做理论内涵的注解。当时就是因为认识到家是一切的起点，又是自我的展开，才将整个课程从自我认知开始，再到我爱我家、再到社会与自然一步步展开，最后形成2~7岁共10个学期螺旋上升的每月、每周、每天的主题活动，并且为每一个主题寻找或创作相应的儿歌、童话、音乐、绘画、游戏等相关课程资源，通过家园同步的教育策略而展开。如果能够在幼儿教育阶段打好这样的基础，再按照孩子的成长规律和社会需求一步步往上设计小学、中学、大学的课程，那么我认为幸福教育的理想是完全能够实现的，即教育完全能够真正地将每一个人引上有利于自我终身发展的幸福之轨。

吴： 是啊，快乐、成功、幸福究竟是谁说了算？是期望让你快乐、成功、幸福的组织实施者，还是体验者本人呢？从上述霍华德·金森间隔20年的两次调查不难看出，在美国那么发达的社会中，调查中有“非常幸福”之感的人数比例在1988年仅为2.3%，2009年幸福的平凡人数量没有增减，而原来幸福的成功人士却减少了80%。所以幸福不幸福是源于个人的感受，而不是他人的愿望或给予。因而“幸福教育”说法的期待，最终所要表达的实质仍是教育的价值观、发展观的理性重建，即如何让每一个学生成为教育的主人，如何使教育真正回归人本理性之家、成长原点之家、文化根本之家，而这种办学观念的更新落实，才能有效促进学校发展的真实进步。

四、观念：教育发展的实质进步

王： 您说到一个关键性的问题视点了，即怎样才是真正的改革发展与教育进步。我在拙作《打造一生幸福的幼儿教育》中专门提及过这个关于发展的问题。一般认为，“发展”指的是“人或事物由小到大、由简单到复杂、由低级到高级不断变化的过程”，但对于人的一生进程和社会的整体发展来说，并不是所有“大的”“复杂的”“高级的”都具有绝对的价值，也就是说，发展的价值并不在于“发展”本身，而在于“发展”的内容、功能、范围、程度等因素与个体成长及社会进步之间的关系。正是在这个认知意义上，我非常认同您所说的观念变革才是教育发展的实质性进步。如果没有观念的更新与落实，无论有多大的校园、多新的设备，无论给孩子再做多少习题或练习、考多少分数，都是不能促进教育改革的实质性进步的。

吴： 价值重塑、观念变革，这才是现代学校重建的核心基点所在。事实上学校重建运动发端于西方的信息革命，知识经济的出现使世界管理的重心，迅速转向了政府的职能和教育与科技。在这种信息资源渐进强势的背景下，现代办学必须要把握四个要点和一条主线，即认清社会发展的时代进程、读懂教育发展的国家意志、建构现代办学的基本理念、务实学生现代发展的根本任务，同时抓住培育终身学习意识这条主线，以人尽其才为目标，以思想素质与思维素质为落点，以精神成长与智慧成长为标志，以构建现代制度依法依规为保障。

王：那么这种观念变革又该如何落实在具体的办学实践中呢？

吴：因为中国地大域广，各地各校很有差异，若要回归到以人为本的主体性办学理念，首先就要因地制宜，根据不同地域、地区学生的实际情况确定自己的办学目标，内容包括校训、生训、师训、家训等不同对象的理念落实选择；其次则为实现这样的办学目标而树立的具体办学理念以及为实现目标、理念而确立的评价导向策略；然后再依据目标、理念、评价来组织教师队伍、家长队伍、学生队伍建设，最后研究制定能保证上述办学意志实施的规则章程，即“校章”，从而形成一个自始至终确保观念变革落实可控的办学管理循环圈。

王：您认为应该制定怎样的规则章程，才能确保达到这样的办学管理改革成效？

吴：从“管办评”分离的自主办学来讲，学校章程应包括与政府的规则，以清晰“责权利”的边界；与社区的规则，以明确文化资源的中心地位；与教师的规则，以制订服务教师专业成长的职称评审细则；与家长的规则，以制订促进社会实践家校互动责任共担的约定；与学生的规则，以建立鼓励学生健康健壮生动活泼发展的奖惩制度。

王： 这样层层剖析下来，确实非常清晰地勾画出观念变革落实在办学实践中的图景了，可以给办学者指引一个明确的思考方向及可操作的行动策略，有望使每个学校都能将办学主动权掌握在自己手里，办出因地制宜的特色来。

吴： 四川名师李镇西曾提出“我想办所没有特色的学校”，没有特色的学校是什么样的学校？是按教育客观规律办事的学校！恰恰就是这种只关注学生主体终身发展而不刻意打造“特色”的学校，其教育能自然而然地呈现教育的本质属性，这才是现代办学重建所应该倡导的发展方向。综而言之，“学校重建”是教育回家——回归基本原理、回归人的现代性发展的中心环节。我国改革开放的经验已经证明，重大进步的“顶层设计”都是由“基层探索”突破的。教育治理体系深化改革的气候已至，走出瓶颈的关键就是办学者价值自信、道路自觉的“学校发展重建”！

实践：基础教育之措

"要注重培养支撑终身发展、适应时代要求的关键能力。在培养学生基础知识和基本技能的过程中，强化学生关键能力培养。培养认知能力，引导学生具备独立思考、逻辑推理、信息加工、学会学习、语言表达和文字写作的素养，养成终身学习的意识和能力。"

——中共中央、国务院《关于深化教育体制机制改革的意见》

"在经济、政治、科学、文化、教育等因素中，教育最靠近人。中小学作为教育的起点更靠近人，最明白教育的意义，更通人性，更容易知晓教育的真谛，因而也更容易出教育家。"

——张楚庭《教育就是教育》

我国改革开放的经验已经证明，重大进步的“顶层设计”都是由“基层探索”突破的。教育治理体系深化改革的气候已至，走出瓶颈的关键就是办学者价值自信、道路自觉的“学校发展重建”！

吴国通老师的铿锵之语，成为我想要更深入具实地走进他的办学实践，去探究让办学者树立价值自信和建立道路自觉的引力，以望给当前中国所面临的“学校发展重建”，尤其是中小学阶段的基础教育改革提供一些办学实例参照与启示。

一、思想的力量：教育的基础在于规律的认知

王： 吴老师，前面您从提出“教育回家”的观点开始，阐述了这一教育回归思想的发展源起与脉络，剖析了现代办学重建的价值内涵与方向，帮我们理清了基本思路，接下来想要听听您自己在这么多年的校长生涯历程中是如何将这些教育思想理念落实到具体的办学实践的。

吴： 我一直在强调“思想的力量”，就是指办学者首先要从自我体验与他山之石中去汲取科学的观念、正向的价值、先进的思想，来帮助我们理清对事物本质与规律的认知，并从中建立坚定的走自主办学之路的自信与自觉意识。我们从事的是基础教育办学，首先对基础教育之“基础”的内涵与价值要有清晰的认识。

王： 好。您认为该如何理解这个“基础”的问题？

吴： 学校教育从自身的结构分为小学、中学、大学（当然现在还有幼儿园，也纳入这个教育体系），但一般都把九年义务教育的阶段列为基础教育。从人终身教育的现代结构来看，十六年的学校教育甚至前面的幼儿园都应该是基础性的教育。“基础不牢地动山摇”“多高的房子多深的基”“十年树木百年树人”，这些都是对因果辩证关系最经典的描述。重“因”着眼的是百

年大计，看“果”要的是眼前效应。基础教育回归教育的基础之家，落地生根才会有树木、树林、森林的生机。今日市场上“真木材”的稀缺恰恰是对这种因果关系倒置、追求眼前一时功利的写照。现代社会的进步与发展使教育的普及化程度逐日递增，伴随教育市场化热度的逐渐减弱，教育回归规律、回归基础的氛围也将会越来越浓厚。因此，重新认识基础教育的价值本质，我们才能办出真正适应基础教育的现代化学校。

王：作为一名中小学基础教育阶段的校长，您认为要从哪些方面来建构学校发展的认知理念或办学意识呢？

吴：第一，首先要从人成长的基本规律上把握基础教育只能是为个体的未来发展奠基的教育，树立以生为本的服务意识。奠基，就意味着必须尊重儿童的成长与认知的规律，是什么年龄就演练什么年段的事，中国人在儒家教育思想的熏陶下，用四字诀的方式清晰地表达了人受教育的成长经历：“幼儿养性、蒙童养正、少年养志、青年养德、成年立业”。

王：很早就听您说过这几句四字诀，我也在一本去年刚完成的书《幸福生命学》中用这样的方式来表达人一生的生命历程。请您在这里为大家详细解读一下。

吴：“幼儿养性”用民间俗语解读又可以表述为“三岁看大”。为什么三岁就能看到人长大时的样子呢？这是源于中国人对“人性本善、善始幼教”的认知。这种认知把人的道德起点归因于幼儿时的五种伦理关系的感知教育。人攥着拳头来到人世间，一两岁时只有吃喝拉撒睡，三岁上下睁开眼睛看周边的人，最先的感受是父母的亲情，最先的发声是爸爸妈妈，从而奠定了“父子有亲”的人伦之基。随着年龄的增长及眼界的开阔，对人与人之间关系的感知逐步上升到了“父母有别”（男主外、女主内，父母在家中各有各的责任）；“兄弟有序”（大小长幼相处的礼数）；“朋友有信”（邻里亲朋交往的诚信）；“君臣有义”（城镇乡长警民上下依理处事）的认识层次，从而为成人奠定了道德的伦理根基。“三岁看大”的意义由此而生。现实中丢掉了传统的“五伦”教育，我们亲手培养了不少“无老无少、没大没小、对天地父母没有敬畏感、唯有自己”，老话叫“四六不知、没有家教”的孩子，怎么可能避免得了恶性杀戮的一再上演呢！

“蒙童养正”的俗语是“七岁看老”。“习惯决定性格、性格决定命运”概括的是人们的普世经验。蒙童决定人生源自“大树直于根幼之正”的自然规律。小学生到学校的学习不仅仅是知识，更重要的是需要这个可以充分演练自己生活、学习、交往、活动的集体。或者说是需要这个培育直正、不歪不斜基础树干的环境。事实上小学生最基础的“读写算”没有多少东西，是低效耗时的考试评估，是人为的重复、记忆式的大量劳作和什么都想“从娃娃抓起”的额外负担，挤满了学生的课程表，使他们不能从容的去自由阅读、去看世界走天下，更没有时间在消化吸收“读写算”的过程中培育自己的习惯与性格。从而丢失了养正的最佳时机，把孩子搞得虚胖囊肿。

“少年养志”，人生最容易走偏的两个年龄段首先在十五六七的少年期，其次在“人要学坏三十开外”的壮年任性期。少年在此年龄段作为人的基本能力已经初步形成了，独立人格的自我意识和青春期的骚扰，时时检验他们抵抗诱惑的能力。挣脱管教、尝试独立的逆反情绪更容易使他们越过生活、生理的底线，不管男女，若在此时脱了轨回归正道的可能性不大。个别反应较大的少年会常常处在“无志者常立志”的动荡期。因此一些父母往往会格外关注少年期的理想、道德、志愿的追求；关注他们朋友圈的志趣与爱好以及对名著名篇、科学秘密探究的热情，陪伴孩子走过这一危险的时段。所以，少年养志不仅要养“自古英雄出少年”的理想之志，还要养抵制诱惑的强硬之志，尤其是在多元文化交融的开放社会。遗憾的是，我们今天的大多数少年几乎脱离了社会，深陷“中考”“高考”的繁忙劳作中，掩盖了他们正常的生理、心理发育，埋下了随时呈现“幼稚”的祸根。

“青年养德”，道德的基础性表达就是“责任”二字。一个青年在进入社会之前，最后专项学习的动力不是个人奋斗而是源于他对家庭、对父老乡亲、对国家民族、对人类社会的一种责任。养德要养的就是责任的层次，因为这个层次不仅要影响他的生存状态，还会深深影响他未来发明创造的境界。据了解，韩国一些刚刚毕业的大学生并不急于找工作，而是由父母继续支付费用，回到祖辈的农村做一年的义工，去体验如今的小康生活源自祖祖辈辈的辛勤劳作。新加坡父母送孩子去军营，东南亚的父母安排孩子去寺院守戒。这些养德的智慧在今天教育开放的社会环境下，将会呈现越来越丰富多彩的个性化趋势。其核心目的都是为了即将成年的青年奠定社会责任感这个人生基础。

王：谢谢您对这人生的四个阶段做了如此详细精辟的解读。是否可以理解为，只有经历过这样从幼儿养性、童蒙养正再到少年养志、青年养德的一路修炼历程，才能真正地走向“成年立业”？

吴：是的，“成年立业”，这是人存在于社会的价值标志，也是对前期养性、养正、养志、养德效益的最好验证。因为做人做事的“立业”对任何人来讲都是必须践行的人生之旅。人的真正的终期恰是这漫长的、不可预测的“盖棺定论”之时。为此，关注人、关注孩子同时可设计、可实践的以上“四养”经历就自然成为教育者们的不懈追求。而我们对现实的焦虑是社会仍把上大学当做青年人的终极目标，人为地把过程性的经历当成了目的，人为地制造考大学冲刺终点的绝杀情景。结果使不少青年进了大学倒找不着方向，高等学府不断爆料青年学子的种种怪相，也在灭失大学教育应有的尊严。

王：当前社会许多青年人成家立业都成难题，找对象要父母帮着相亲，大学生、研究生毕业还有许多人在过啃老的日子，确实与前面能否顺利通过“四养”考验有关。而这种现象，又给我们的具体办学实践带来怎样的启示呢？

吴：从“四养”的过程解读回到基础教育的奠基目标上来，必然就涉及学校校训的重新设计。校训是什么？是一所学校个性化办学目标的最简洁的表述，是价值观、是精神引领的号角。教育在扫盲、在普世性的国民素质达成期，教育的任务明确、共性的特点鲜明，校训也大多是口号性的表态。今日教育要为个体人的未来发展奠基就必须要有鲜明的地域、地区、不同群体的针对性和年段的特征。

王：我多次听您讲过有关校训设计的问题，在参观成都石室小学时也被您那高耸于教学大楼屋顶的“见贤思齐学而不厌”的八个大字校训所震撼。这个部分我想在后面请您专题分享。在实际工作中，您又如何体现以生为本的服务意识？

吴：我曾经写过一篇《记吃不记打》的文章，这是小时候父母教训我们时经常叨唠的一句话。我任校长以后，也用这句话来告诫食堂的员工们和老师们，要时时关注孩子们的饮食，就是因为这句普通的“祖训”蕴含着丰富的教育哲理。1995 年北京小学恢复寄宿制，但面临的对象却是独生率极高的新生一代，为此，在普遍“就近入学”的背景下，寄宿的意义就必须由过去解决父母后顾之忧的单纯养护目的，转向针对独生子女生存能力的缺失、同伴情感缺失的“寄宿教育”。这种教育目标的表述要突出它价值取向的新意，即“生活自理、学习自主、健康自强、行为自律”。正是这种“四自”明确的教养方式又进一步鲜明了北京小学以生为本的办学形象，我们从孩子的一日六餐的“吃”来开始承担起全部的服务责任，三顿正餐要请营养专家指导，按季节制定周菜谱；三顿加餐上午要有酸奶来调节肠胃，下午水果加餐不能少于三种是为了强化维生素的吸收，晚上入睡前的一杯学童奶和一块小点心既有补充又有安眠的目的。除了关注看得见的“吃”，还要重视容易被忽略的“饮”。小孩子火大，“水火济济”，时时需要以水来滋润孩子，无水哪里会有水灵灵呢？这就决定了教师必须像关心吃饭一样关注孩子的饮水，按年龄、时辰指导他们喝水，培养他们良好的饮水习惯。事实上很多孩子不会喝水，内循环不畅，又迷恋于各种有味道的加了添加剂的饮料，积毒于体内是孩子生病的重要原因。正是因为我们注重“假打真吃”，所以“记吃”为我们创造了吸引孩子热爱学校的理由。孩子喜欢学校的“吃与喝”，对学校的吃喝有依赖感，这不仅是学校服务层次的标志，更重要的是也增强了孩子们对学校的信誉感，而由此引发了他们对课堂学习、对学校系列教育活动的信心，成了学校教育质量细节管理的重要口碑之一，也从一个角度体现了这种以生为本的服务价值。

王：我以前在指导幼儿园办学管理时也遇到过这种现象，园长认为生源不好是因为教师素质不够，但我们从调查中发现家长其实是对食堂工作满意率最低，因而有针对性地对饮食进行改善，结果短短一个月后，家长对幼儿园的满意率就大幅度提升。原来这其中有“记吃不记打”的深刻道理啊，真是挺有意思。看来以生为本的服务意识是要细致落实到孩子的衣食住行各个细节，而非只是教学本身。

吴：除了把握孩子的成长规律，树立以生为本的服务意识，第二还要认识到基础教育是建构现代学习境界的教育，树立态度决定一切的发展意识。

王：好，请您再具体地为我们解读一下。

吴：从马克思“人是社会关系的总和”的论断来看，人的社会性是在全面发展的实践中完成的。共性与个性、普及与提高、传授与创新、继承与发展、现实与未来等辩证哲理直接关系着教育的整体性。生理与心理、智商与情商、知识与能力、学习与应用、情感态度与价值观等辩证关系又直接影响着人的健康发展。而社会的进步与否就在于自我调节、自我修复的能力。哈佛大学丹尼尔·戈尔曼教授曾追踪调查哈佛学子毕业后进入社会的生存状态，1995 年发表 *EQ*（《情商》）一书，书名以两个特大号的字母EQ冠之，其用意就是要人们的注意力从IQ（智商）转移到EQ（情商）上来。他通过科学论证得出结论："EQ是人类最重要的生存能力"，今生的成就至多20%可归诸于IQ，另外80%则要受其他因素（尤其是EQ）的影响，在全球掀起了一股强劲的情商旋风。戈尔曼并由此被誉为"情商之父"。哈佛大学霍华德·加德纳教授1983年出版的《智力的结构》一书中，首次提出并着重论述了他的多元智能理论的基本结构，并认为支撑多元理论的是个体身上相对独立存在着的、与特定的认知领域或知识范畴相联系的八种智力，被誉为"多元智能理论"之父。

王：原来您指的现代学习境界，是指由情商引导的多元智能教育，而非只是单纯的知识学习与智商训练，即情感、态度决定学习动力与效果。

吴：正是"情商"与"多元智能"的理论改变了长期以来以"智商"为价值取向的单一教育，使当代教育的内涵更为全面，也更为适合现代人的发展需求。我国基础教育长期处在以选拔精英为目的的智商博弈中，当大众化、普及化教育迅速来到跟前时，旧有的"好不好"的评价方式与导向压抑了学生内在潜能的发挥，阻碍了教育的现代化转型。因此，我曾专门就落实十八届三中全会深化教育综合改革的评价导向发表了《从"三好"到"三爱"——看教育目标的时代性转换》的议论文章，阐述了从新中国建立之后毛泽东主席提出“身体好、学习好、工作好”的号召，再到改革开放时期邓小平总设计师提出“教育要面向现代化、面向世界、面向未来”的科教兴国战略，再到 2013 年习近平总书记在庆祝儿童节时提出“少年儿童从小就要立志向，有梦想、爱学习、爱劳动、爱祖国，德智体美全面发展，长大后做对祖国建设有用的人才”的“三热爱”内涵发展变化，这种由“好不好”来表达拥有多少知识技能的教育目标、向“爱不爱”的情感智能自我发展意识的目标转换，不仅符合终身学习时代的价值取向，也适应了人现代化发展的个性需求。

王：是的，您在前面的章节里介绍过这样的观点，让我感受到原来国家领导人的号召其实蕴含着一个个不同时代的教育发展指向，这也可以被理解为“与时俱进”罢。

吴：教育实践的发展确实与国家领导人的认识与导向有关，但对每一个个体需求来说，不管在什么时代，都需要培养孩子的生存生活能力。因此，第三，办学者还要认识到基础教育是开启个体生存能力的全人教育，树立因人施教的服务意识。也就是说，办学必须依据教育的基本原理。

王：您这里提到全人教育，不禁让我想起自己这一路走来一直在全人教育之路上探索的历程与感悟。每一个教育研究与实践从业者，似乎都免不了在教育的个人本位与社会本位两个价值取向之间摇摆徘徊，有的人认为教育以尊重个人的个性自由为本，有的人则看到教育也必须服务社会需要，为社会化的功能价值服务，而事实上，这两者的价值都必须统合在一个人的人格和谐系统中，才能使人的个性与社会化相得益彰、协调发展。而这两者的结合，便是“全人”发展的平衡整体教育理念，按我们古人的话，便是“既顺应天道又契合人道的全德之人”，而这恰恰是一个人可以自由释展自我才能又能自如应对社会环境的生存能力的最充分展现。

吴：思想的共鸣通常都是因为回归到教育的基本原理共识。2006 年华东师范大学叶澜教授出版了构建现代教育基本原理的代表著作《“新基础教育”论》，书中有句话说“惟有尊重个体发展的大众教育，才会为社会提供充满生机和活力的一代新人”，这就是一句对教育的深化改革具有振聋发聩的影响力的导语。个性、个体、个别从不被关注的共性时代跃上了被尊重、被关注的地位，恰是中国教育进步的时代标志。网络云时代缩短了教育发展的层级差别，发达国家走过的路程已经没有复制的必要了。同样是 2006 年，英国首相布莱尔在下议院的演讲中也同样提出：“当今教育的要旨是个性化学习，要充分认识到不同的儿童在不同的科目有不同的能力。个性化学习不仅事关每个儿童，还事关每一所学校能否走出独特的道路。”

王：是的，这种对个体与社会关系的认知，促进了东西方教育理念的相互走近，最后在“全人教育”这个理念上趋向融合。所以，我个人认为，全人教育将是真正中西和璧的国际化教育趋向。

吴：东西方教育发展意向选择的趋同，是知识高速流通给人类生存发展方式带来的便捷，同时也为克服教育曾经的偏执回归完整、全面的教育常态创造了条件。如台湾地区王永庆先生在大陆创办的慈善事业“明德小学”，其“全人”教育的理念正是落实到了儿童成长全面性教育的根本。基础教育是德智体美劳缺一不可的综合性的奠基性教育，缺“德”的未来是危险品，缺“智”的未来是次品，缺“体”是废品，缺“美”是处理品，缺“劳”所培育的必然是“啃老一族”的消耗品。

王：我曾经在一篇文章中专门分析过“全面发展”和“全人发展”的概念内涵差异，“全面”是指“什么都有”或“什么都好”，而“全人”不仅要兼顾到“全面”，更要关注到“完整”，也即是“whole”，是整体统合发展的概念，不能变成支离破碎，将一个个完整的人拆成一项项分开训练的技能。因此，只强调“全面发展”，可能导向各门学科面面俱到，但恰恰未能关注到“人”的核心本质成长，而“全人发展”，才是真正意义上的健康人格素质教育，也是真正因材施教的个性化和创造性教育。

吴：个性、个体、个别教育是社会发展进步对人的教育属性的回归；而最能清晰表达这个理念的，仍是孔子的“有教无类、因材施教”。曾仕强先生在《易经的奥秘》一书中讲了一个孔子的故事：一天，孔子在室内讲学，他的一个学生在门外扫地。这时来了一个人非要见孔子，说想问问孔子一年有几个季节。学生说这无须再问孔子了，一年有四季。而来人却说一年只有三季。两人争辩不下，决定请孔子判定，谁错谁叩头。当孔子出来时，学生抢先告诉争辩的议题，孔子却郑重其是地告诉来人一年是三季。学生等来人远去，不解此意地看着老师，孔子说：“你没看见来人浑身着绿是个蚂蚱，它春生秋死根本看不到冬季，你不说三季怎么可能与它进一步沟通哪！”故事的精彩在于孔子的神圣于此，教育的神圣也同样于此。今天，被誉为教育家的人数比历史上任何时期都多，但社会认定的教育家可能是校长、大多是老师，其实更多的是为人父母者，因为他们共同的、唯一的标准就是“有教无类、因材施教”八个大字。

二、管理的奥秘：教育的质量源于教师的尊严

王：从以上论述，我想到一句话：一个正确的教育观念，胜过千百种教育方法。也想到《大学》中那一句“知止而后有定、定

而后能静、静而后能安、安而后能虑、虑而后能得”。其实，教育者只要能够树立正确的思想理念，掌握儿童成长的科学规律，便能基本把好办学方向与坚定信念，这是您关于“思想的力量”的感悟给我的共鸣。但是，作为一名校长，毕竟不是直接从事教学工作，而是要通过一定的管理策略来将这样的思想理念贯彻到对儿童成长的教育影响中，那么，又如何保障这样“有教无类、因材施教”的教育管理成效呢？

吴：“以师为本”，这是学校管理回家的根本之道。“教育大计，教师为本”是2012年全国教师教育大会所确定的标志性概念。重教必亲师、有师才有教，这不仅源于“天地君亲师”的古训，也基于管理的第一要义是“人”的根本原理。因为教育是人和人的交往性活动，教师则是实现这一教育交往理想的媒介与根基。社会的进步越来越证实教育与国力、与科技、与国民素质的密切联系，而承载教育义务的根本便是教师的力量。教师的质量即是教育的质量。

王：这样的感悟从何而来？

吴：2010年国家颁布《国家中长期人才发展规划纲要（2010－2020年）》时，《光明日报》11月11日姚立发文指出“中国千人劳动力中研究人员仅占1.83，而同期的韩国是9.17，美国是9.4”，按人才发展规划我国2015年将达到3.3，到2020年可达到4.3。人力资源中的专业专门的人才不仅远远低于欧美发达国家，甚至与韩国也是倍数的差距。为此 2012 年我曾写过《教师的质量即教育的质量》的论文。2013 年《未来教育家》杂志 4 月在刊首登载了此文，2015 年 4 月青岛一份教育刊物来电要求转载该文。

陶西平曾在《中小学管理》2015 年第 1 期发表《韩国济州农村学校印象》一文。老陶借会议之机参观了韩国济州一所偏远的农村学校，小学生 65 人、中学生 35 人，而教学人员却有小学 15 位、中学 9 位。参观后老陶又自己坐出租车再去看看其他的农村学校，情况基本一致。使我惊讶的是，韩国农村学校的师生比1∶4，竟与世界排名前十位的大学相同。我想号称亚洲“四小龙”的韩国，经济之所以能持续腾飞，原因恐怕就在于此吧！而在此前，我却从未听说过韩国如何重视教育。相对比较，我们信誓旦旦“现代化以教育为基础”，而实际上传统的劳动人事制度进一步拉大了城市与农村的差别，农村教育几乎就是个“希望工程”。目前全国中小学教师 1210 万人中 910 万在农村，其中 330 万在乡村、118 万在最困难的山村，按 2001 年规定的师生比小学是1∶23、中学是1∶18（数字来自 2015 年 3 月 29 日中国教育学会的工作会议）。不难看出中国基础教育的大部在农村，农村教师的地位、数量、待遇，包括过低的师生比例，仍是困扰我们全面深化改革、全面发展的瓶颈。所以，教育的根本是教师的质量问题不能停留在舆论上，深化治理体系的改革、突破体制机制的障碍是教育发展最急切的期待。

王：您分享的韩国农村教育与中国农村教育的对比情况令人震惊和心疼，让我想起自己前些年做乡村教育公益实验的情景，正是这些亲身所见所感，才让我在《中国教育问道》一书中发出“最苦不过农村教育”“农村孩子已经输在起跑线上”的呼吁呐喊，希望能够从儿童早期和亲子教育开始重视农村教育的关注与干预，却没想到在中小学师资问题上却存在更大的急迫与忧虑。

吴：是啊，如果没有教师的质量，又何来教育的质量？2012 年，我以“教育的质量源于教师的职业尊严”为题描述二者关系，论述了教育的质量与教师的质量之间互为因果的辩证关系。“教育的质量决定了教师的质量”是以教育的社会价值取向为出发点，突出了社会环境对人发展的抑制作用。教育的价值层次是一个社会文明的标尺，它不仅影响着学生的学，还决定了教师的教。例如“教育是选拔”——人的功利性学习就造就了“谋师”；“教育是塑造”——人的授受传承学习就成就了“匠师”；“教育是生命”——对个体人学习本能的开发就自然需要“人师”的出现。所以有什么样的教育就自有什么样的教师，教育的价值层次影响着教师的质量层次。这种说法延伸到教育管理还可以表述为“有什么样的领导就有什么样的校长，有什么样的校长就必有什么样的教师”。而“教师的质量决定了教育的质量”则是以教师的职业境界为出发点，突出了教师对教育发展的主导作用、影响教育的质量，有什么样的教师就有什么样的教育，尤其在教育大众化、普及化的时代，教育的质量形象源于教师职业的水平层次。所以，2010 年麦肯锡公司在调查芬兰、新加坡、韩国教育发展的进程后，为美国教育改革政策所提出的建议报告中就明确提出实现当下教育发展的三个要点：一是让优秀的大学生做教师可以缩小人才差距，二是提高教师的待遇比改善薄弱学校所付出的成本要低得多，三是教育的质量不可能超越教师的质量。[①] 这一命题与我国“天地君亲师”的文化传承应该并不相悖，但是随着社会经济的高速进步，教育的贫富差距拉大了，当教师队伍建设明显落后于时代的发展需求时，教育的质量和教师的形象就自然处在抓襟露肘的教育转型过程之中。

王： 有什么样的领导，就有什么样的校长；有什么样的校长，就有什么样的教师；有什么样的教师，就能创造什么样的教育。这句话我非常认同。是否正是在这样的意义上，若想实现有教无类、因材施教的教育理想，就必须要从管理上位开始去全面重

① 麦肯锡公司：《美国教育改革政策建议报告》，载于《中国教育报》，2010 年 11 月 23 日。

视师资队伍的建设工作？

吴： 其实国家已经关注到了这方面的问题。2012 年国务院下发了《关于加强教师队伍建设的意见》，这是新中国成立以来第一个全面部署教师队伍建设工作的文件，它表明已经创造全民义务教育奇迹的中国，开始走上“教育大计，教师为本”的发展征程。而叶澜教授在《“新基础教育”论》中关于教育队伍构建中突出了“职业尊严”，认为“惟有自尊、自强，才能赢得社会和他人的真正尊重，而不是也不需要恩赐和同情”①。应该说这是中国教育事业发展新的历史起点，也是当代深化教育综合改革的根本落点——教师的尊严即教育的质量形象。

王： “尊严”二字，或许正点出了以师为本的根本主旨。现在的教师似乎学历越来越高，各类证书也越来越多，教学设备条件也越来越好，许多教师的收入也比以前大增，可就是似乎再也找不到以前那种为人师表的职业尊严感。

吴： 事实上，社会多年来对“教育家”的期待正是对教师职业尊严的期待。这一目标将贯穿在今后教育治理的全过程中。我们的教育由层层淘汰、选拔为目的的精英化转向尊重个体发展的大众化、普及化的教育，这种教育价值的蜕变需要一个阵痛的过

---

① 叶澜：《“新基础教育”论—关于当代中国学校变革的探究与认识》，教育科学出版社 2006 年版，第 140、359 页。

程。人们对学生素质的忧虑、对输在起跑线上的恐惧转化为浮躁、焦虑和择校与培训的疯狂，而谁的心里都清楚决定素质教育的不在学生本人，而在于社会、家庭、学校教育价值的选择；择校的真正目标是名校的优质资源，是名校优秀的教师队伍。人们正是在这个“说归说，做归做”的无奈中呼唤着教育理想的社会形象，期待着教育家型教师群体的诞生。

王：教育家型教师群体，这个提法很有意思，大大超越我们通常对教育家凤毛麟角、众星捧月似的习惯认知。确实，只有教师群体涌现大量受人尊敬的教育家型优质人才，这个群体才会真正受到公众社会的普遍尊重，整个教师职业才会拥有真正的尊严感。那么，这种具有尊严感的教师形象如何去树立？

吴：“教育形象与教师尊严”，首先源于学习型社会生存发展方式的变革。无比丰富的信息资源使学生的学习方式直接演化为个体的生存方式，而个体的生存方式只能培育不能授受，也无法考评。加重负担、延续层层统考虽有短效却无长益，对开启个体学习本能更是弊大利小。这就使得现代教育个性化的目标直接落到了家长、教师和孩子本人的身上，这是教育转型的最突出的时代特征。所以，比较中美教育而积极倡导素质教育的黄全愈先生，在2010年《动一动中国基础教育的基础》一书中坦言：“我终于理解一个民族、一个国家的前途，并不掌握在政治人物的手里，而是掌握在培育孩子的父母和老师手里。”①这是因为父母和老师最直接贴近孩子，孩子成长中的第一任教师就是父母，其次才是幼儿园、小学、中学、大学的教师。这些成人们尽管也有受教育的经历，但这些经历与现代化进程中的孩子们至少有二三十年的时差，已没有复制的价值（包括培育精英的传统之路）！唯一可借鉴的就是父母、老师们做人做事的终身学习态度！这不仅是教师职业尊严的首要条件，也是当代教育现代化队伍建设的主要着力点。

王：看来，当代社会丰富便利的信息资源已将过去“师者，传道授业解惑也”的知识传授作用大大削弱，个体化的学习方式变革却将“为人师表”的作用更加凸显出来。您这样的分析让我更加理解了为何现在的教师越来越难当，因为光靠大学校园里学的那些专业知识显然已经不能满足学生成长的需要了。

吴：是的，个体化的学习时代更需要教师们成为学生的终身学习榜样。不仅如此，教育综合改革科学发展治理体系也呼唤“教育形象与教师尊严”的树立。教育在低收入高就业的精英化时代，社会矛盾并不突出。而在教育走进平常百姓家的大众化时代，教师队伍的编制数量和质量标准却仍然停留在计划经济的

① 黄全愈：《动一动中国基础教育的基础：中国素质教育之辩》，中国人民大学出版社2010年版，第200页。

扫盲时代，正是由于这种教育投入与分配的持续差距，使民生的最大基础——农村教育首先被边缘化了，其次是国民教育的根基——基础教育被弱化了。教育的贫富差距（具体说就是各类学校教师队伍的差距）加剧了社会矛盾。运用资助的补偿、慈善的救济、名校品牌的衍生、强制就近的等等举措只能缓解一时，解决不了根本问题。因为学校差距的实质就是教师的差距，没有人就没有教育，没有优秀的教师不可能有优质的学校教育。另外，教育在选拔、淘汰的精英时代容忍大班额，因为培养知识体系全面的"科班生"需要那种授受的方式。但在教育大众化、普及化的时代，这种方式的延续，或打着拓展优质复制精英的旗帜，却会抑制现代人多元发展的需求。以科学、艺术为例，恰恰是科学、艺术大众化的普及突破了传统"科班"的育人程序，充分彰显了个性的天赋，使比尔·盖茨、乔布斯创造了互联网奇迹；使"中国好声音"等无数草根艺术家登上了高雅的艺术殿堂。这种时代变革，都给我们如何重塑教师形象与重建职业尊严提出了不同的要求。

王：那么，我们应该如何破解这个问题呢？

吴："教育形象与教师尊严"首先亟待变革教育的投入方式。教育大众化是中国社会发展的千年机遇，加快发展方式的转型、机制体制深化改革的治理就需要创新教育的人事和分配制度。试想把教育的投入直接转向教师的编制、待遇和职称认定上，首先放宽农村及城市普通校的教师编制，提高农村及城市普通校的教师待遇，按数量统筹职称评定，吸收优秀大学生到农村及城市普通校任教。先有数量充足、后有职称认定、再有质量提升，有进才能有出，没有进出不可能有良性循环。因为农村师资强了孩子就不会往城里挤、城市教育均衡了学生就不会往国外跑，因为基础教育是整个教育“木桶”的底板，也是全民教育质量基础的底板所在。

王：这确实是一个重要问题和可行举措。我在做农村教育实验时，首先遇到的一个大问题就是师资瓶颈，正规科班出身的都要留在城市找工作，不愿意去乡村任教，大学生或志愿者支教根本解决不了长期持续扎根的问题，于是我们只能采取在当地招收具有中等文化水平并有过带孩子经验的人，从中择优录聘并快速培训，委之以带班教学重任。从实验中虽然取得了一时的可喜成效，即感受到从本土培养的现实可行性与潜在稳定性，但若没有相应的编制、待遇、职称认定等一系列投入与管理机制保障，还是难以达到可持续发展的实际成效。

吴：“教育形象与教师尊严”还亟待改革教师“被培训”“被管制”的传统方式。我们都知道管理的最高境界是“自我管理”。世界管理大师彼得·德鲁克曾强调：“自我管理是人事方面的一场革命。这场革命向个人尤其是知识劳动者提出了前所未有的新要求。就其内容而言，它要求每一个知识劳动者像首席执行官那样思想和行动。”① “首席”知识劳动者是教师的职业属性，尊重知识分子的“思想和行动”是提高教师实践理念的根本。尤其是信息化社会，教育的理论、理念，名校的经验、专家的理性著作有人去应用、实践才有价值，否则就是档案材料。为此，以校为本、以师为本建立教师带薪自我进修的制度，不仅有利于教师的自我发展，也有利于学校教育的实质性进步，因为学习型社会的孩子不会容忍组织能力枯竭的校长、职业倦怠的教师长久地占领着学校的讲台。

王： 自我管理对一个职业的尊严发展实在是太重要了，您又引发我的回忆与共鸣。当时我们在农村做这个公益幼教实验，就是想探索一种“利用当地资源、培育当地教师、创造本土课程、建立自我管理”的“农村自治”办学实践模式，从如何挖掘各地农村本土资源、激发农村教育工作者的自主精神和创新智慧，因地制宜地创办低成本、高品质的乡村本土教育，来逐步建立农村教育自我发展的“造血”机制上去动脑筋找出路，以探索出更“多快好省”的实践方式去推动和改善处于“苦中之苦”“困中之困”“重中之重”的中国农村教育。

在开办之初，我们建立了以教师代表、村民代表、村干部

---

① 彼得·德鲁克：《个人的管理》，沈国华译，上海财经大学出版社2003年版，第265页。

代表为成员组合的学校自治管理小组，首先以收支、钱账分离的方式来管理学费，并用家长投票和教师自我考评的方式来对教师工作进行学期评价，这些举措在初期还是很快显出成效，一下子就激发出老师的积极主动性，家长和村民们也投以热情参与支持，只可惜后来这个项目还是因当地文化冲突和主管部门的不正当介入而夭折了。这也从另一个方面显示出，许多地方的教师尊严与发展希望，恰恰是被非科学的管理管丢的。所以我个人认为，中国教育改革，最需要的是从教育管理干部队伍入手，去重建管理观念、重塑管理机制，真正做到领导以校长为本、校长以教师为本、教师以学生为本，这样才能从根本上确保教师自治的尊严地位与教育家群体诞生成长的土壤。

吴：这样的改革非一己之力可为，需要制度的保障。社会发展的自愈功能在于制度创新。促进我国教育的和谐、均衡发展的治理惟有充分信任、依赖教师的力量、切实做好“队伍建设”这个大课题，让“最美乡村教师”不再窘迫，让普通学校的教师也能挺起职业尊严的脊梁，必定会创造我国教育质量发展新的历史形象。

王：非常感谢您做这样深度有力的剖析，相信会引发许多人像我一样的共鸣。那么，在具体的办学实践中，又如何去落实这样的师道尊严自治管理举措呢？

吴：回到学校的现实发展中，如何实现以师为本的学校管理，首先还需要校长们更理性地把握时代的特征，结合当前形势则首先要清晰理解管理与治理的价值寓意。党的十八届代表大会之后，“治理”两字体现了国家发展的一个境界性的变化，它与“管理”只有一字之别，但意义却更为深远。传统的“管理”是权力与义务自上而下的层层分解，由于偏重行政属性，所以比较关注上行下效的执行度。“治理”是管理的现代化升级版，是着眼价值与规律自下而上的整体构建，所以它关注的是管理适时的效益、效率。事实上，政治、经济、教育、文化都有其自身的演变规律，开创适应时代发展的规律、凸显其本身存在的价值是管理与治理所追求的终极目标。学校管理既有别于行政的层次管理，又有别于经济的效益管理，追求教育与人的和谐发展是它的目的。所以，人的教育及其管理是它的重要内涵。为此，校长的管理理念是决定性的因素。这种理念表现在三个方面：第一，现代管理的价值选择是以人为本；第二，学校管理的核心任务是教育服务；第三，教育服务的实质是尊重师生个性充分而自由的发展。

王：好，请您具体解读一下校长管理理念的这三个方面。

吴：第一，从管理价值的现代选择来看，通俗的管理可以用三句话来概述。那就是“管理即服从”“管理即参与”“管理即服务”。但仔细想一想，这三句话的背后却是代表着人类社会发展进程的不同历史阶段。“管理即服从”源于农业社会的君主制，封建社会神权至上的绝对服从，强化了以官为本的权势地位。“神权—君主制”是管理即服从的标志。“管理即参与”是资产阶级自由、平等、博爱的革命所争取到的权力份额，并以代表制的方式化解了国家权力与不同群体的利益冲突。“民权—代表制”是管理即参与的象征。而“人权”是现代社会进步的标志，管理即服务自然是“以人为本”的最高境界。现实中“服从”“参与”“服务”在管理的使用方式上似乎胶着在一起，但价值的选择上却有本质的区别。我们今天已经处在人类文明的现代社会，着力于人的发展是管理价值的唯一选择。尤其是我们正处在国家治理体系深化改革的进程中，《国家中长期教育改革和发展规划纲要》所确立的“管办评”分离的改革路径，更有利于呈现服务于师生发展的管理价值。

王：原来在“管办评”分离改革举措的背后，是这样的管理价值导向，这一点确实需要办学者有更为深入的理解与领悟。

吴：第二，学校管理的核心任务是教育服务。学校不是行政机关，不是企业生产，更不是商业经营，它的核心任务是促进学生的健康发展。用“教育”比用“管理”更为妥贴。尤其是现代化社会学生个性化发展的趋势越来越突出，这不仅挑战着学校的教育，也挑战着共性化的管理模式。现实中大多数的校长都是教师身份，他的专项业务是教育，他与教师和学生有着本源的联系，从即将到来的“管理与办学”的分离时代，又将进一步强化校长教育专业引领的存在价值，而不是行政科长的层级领导。事实上正是教育的核心任务，决定了学校管理由纯粹的行政组织转向了教育服务式的学校管理。

王： 学校管理从“唯上”负责的行政服从职能，转向“唯教”核心的专业引领导向，这才是真正从办学管理上做到“教育回家”了。

吴： 第三，教育服务的实质是尊重师生个性充分而自由的发展。这是中国特色全方位开放发展的必然，也是“以人为本”社会治理进步的必然。教育服务式的学校管理既有教育的内涵又有管理的属性，主线是人与教育的和谐而主动的发展，决定的力量是以校长为中心的团队组织。这个团队组织面对学校的核心任务——“学生发展”要以教育服务为目标；面对实现学校发展的“根本力量”——教师的专业发展就要以组织管理为手段，充分调动和发挥教师的职业属性。为此我常说，“教师是学校的最大财富，学生是学校的最大荣誉”。以校长为中心的团队组织能坚定地服务于教师和学生的发展，这是教育服务管理属性所存在的价值。这种管理的属性是什么？管理学家哈罗德·孔茨这样解读：“管理就是设计和保持一种良好环境，使人在群体里高效率地完成既定目标”。以校长为中心的团队组织不仅是这个“良好环境”的主导者，更主要的也是其建设者。

王： 如何实现这种良好环境的主导建设？

吴： 实现这一建设的目的要完成两个自我的构建。一是校长团队职责的自我定位，二是教师、学生自我发展的动力定位。从文汇报曾报道的一则故事说说职责定位：1950 年美国哥伦比亚大学校长艾森豪威尔曾邀请本校一位获得过诺贝尔奖的教授做演讲，他在演讲之前客气地作开场白说："在众多雇员里，你能够获得那么重要的奖项，学校以此为荣！"但那位教授却不客气地回敬："尊敬的校长，我是这个学校的教授，你才是学校的雇员！"这一对白实际上是对校长团队现代意识的定位。管理回归教育，校长团队就是教师与学生发展的雇员。创设良好环境为教师、学生的发展搭台铺路是"管理回家"的职责所在。

王： 如何理解教师、学生自我发展的"动力定位"？

吴： "动力定位"就是发展回归自我。发展即自我，强调的是自我，而不是他我，更不是为他而弃我。这对长期习惯于被动学习、被动教学的师生来讲是艰难的一步，之所以说"要建设"就是因为引领师生树立"发展即自我"的现代意识需要一个培训、推动的过程。现代社会"以人为本"从服务来讲，说的是为他人，而从自我发展的内涵来讲，强调的是自我，是自我教育—自我管理—自我超越。这个自我既是外在管理的承载，又是现代教育管理所必须建筑的基地。世界管理大师彼得·德鲁克曾高调宣扬"自我管理是一场革命"，"它要求每一个知识劳动者像首席执行官那样思想和行动”。“革命”“首席”，对于多年来习惯于工具性的职业服务，习惯于工匠式传授知识的教师们来说，确实是一场颠覆自我生存概念的革命。这一革命的目标就是把管理的权利和义务由外在的“他为”转化为内在的“自为”。这一革命的实质是人的主体性的解放。马克思在探讨人的本质时一再强调“人始终是主体”。“（人的）主体性在一定意义上可以说是人的最本质的属性”，“在现实世界中，主体总是把自己的存在和发展当作一个自明的前提，‘从主体方面去理解’事物，‘从自己出发’去从事活动，把事物、活动及其结果看作是‘为我而存在的’，这是人类特有的生存方式。”①

王： 您的这一番解读，让我再一次深深感受到“思想的力量”，或者说，唯有“思想的力量”，才能真正带来“管理的魅力”，唯有办学者以身作则的“自我觉醒”“自我超越”，才能真正为教师和学生创造出“自我教育”“自我管理”的“动力革命”。

吴： 教育服务的实质是尊重师生个性充分而自由的发展，这是要把“人类特有的生存方式”通过人主体性的解放还给主体的学生、主体的教师。用一句话来概括这个转换就是：“把学习还给孩

---

① 袁贵仁：《马克思的人学思想》，北京师范大学出版社1996年版。

子，把专业还给教师。”也就是说要通过师生主体性的自我教育实践，使学生成为学习的主体，使教师成为自我劳动价值创造的主体；否则不可能达到“充分而自由”的发展境界。实现这一转换除了在理性上提升自我认识之外，在操作上还必须把“为谁而学”“为谁而干”的自我意识时时地推给每一个人，因为自我教育不仅是现代人的重要标志，也是教育服务管理的重要前提。有了这个前提，自我学习这个现代学生意识、自我管理这个现代岗位意识才有可能建立，也只有在自我学习、自我管理的基础上，我们才能进一步去推动人的自我超越，实现人自我价值新的创造，这才是发展也是自我的最高、也是最终的目标。

王：我在十几年前提出过“让教育回归生活、让孩子成为主体、让发展面向未来”的倡导，以期让我们的教育离孩子的生活更近、离孩子的心灵更近、离孩子的幸福更近，当时被教育界领导朋友认为是构建了一个难以企及的教育理想国。而在您的这一番层层深化递进的论述中，我却分明看到了一位富有思想智慧与行动力量的魅力管理者，正在活生生地为我们创造这样的教育实践理想国。从这些思想智慧的字里行间，我已经感受到在您学校里为教、为学的浓浓幸福感，期待着更具体地走进您的办学实践世界。

三、生动的案例：个性的办学推动自主的发展

王：您从教50年，从教师到校长，是如何积累这么丰富的管理思想并将它一步步落实到具体的办学实践中的呢？我想您可以从具体的办学案例来给我们再进一步分享一下。

吴：1990年我被任命为香厂路小学校长，这是一所典型的城市里弄（胡同）小学，生源就是就近入学的普通城市平民。首次由教师到校长，你必须要面对学生、家长及教师回答你关于办学目标的“导向语”。恰在此时，北京教育界的老前辈姚幼均同志，调研独生子女的教育对策为我指明了方向，针对独生子女高度集中的平民子女提出了“学热爱、能吃苦、会创造”的校训。并以此为主线全面设计了学校的教育、教学及家校互动的社会实践活动。

王：以校训来浓缩并简要地阐明一所学校的办学目标，引领这所学校发展的价值文化精神，确实是纲举目张的旗帜之举。别说是办一所学校，即使是开展一个课程改革、开创一个整体项目、提炼一个区域特色，也需要这样因地制宜地加以个性化凝炼。只遗憾很多办学者并未能意识到这种校训所代表的真正含义，所以将一些假大空的口号充当办学目标，比如以前我到各地学校都会发现诸如“一流的学校、一流的师资、一流的质量”及

“一切为了孩子，为了孩子的一切”这些千篇一律的标语，实在令人叹息。这些年，这些表面现象似乎有所改善，但校训的价值内涵还是有待进一步深化领悟，才能涌现更多的个性化专业品质学校。

吴：一校一训，因地制宜地创出特色，确实是个性化办学的重要基础。1994 年我被调入北京小学任校长，在伴随老校长陈玉华举办 45 年校庆的过程中，我清楚了这所唯一以首都“北京”命名的小学、家长们的社会地位以及孩子们追求的层次。由于她曾是市政府的子弟学校，家长与孩子的做人做事恐怕会直接影响到国家的形象和老百姓的福祉。为此，北京小学的校训就自然地确定在“脚踏实地做事、顶天立地做人”的导向语上。因为这所学校 1949 年建校时的生源主要来自于解放区的随军子弟，当时为解决进城干部的后顾之忧，学校实施了全员养护的寄宿管理。1995 年恢复寄宿时的对象却是独生率极高的新生一代，因此才定出了“生活自理、学习自主、健康自强、行为自律”的“四自”方针，将“脚踏实地做事、顶天立地做人”的校训再进一步落实到具体的教养目标中。

王：我看过在您一手策划操持下举办的北京小学六十周年华诞庆典晚会的光盘及纪念画册，实在令人震撼，不仅是从国家领导人到教育界专家学者的题词以及诸多教育及政界名人的出席，印象更深的还有那台盛大的“让我们荡起双桨”的联欢晚会，其中吸引我眼球的不仅是鞠萍、李扬、刘纯燕、蔡国庆、解晓东、陈红、刘媛媛、孔祥东等这些影视艺术明星，还有那洋溢着拳拳中国心与浓浓本土情的节目，从“让我们荡起双桨”“军训一课”“妈妈教我一支歌”“我是党的一朵小红花”“中国娃”“摇篮育花朵”，到“长大后我就成了你”“感恩的心”，再到“今天是你的生日，妈妈”“爱北京”“黄河船夫曲”“国家”，最后到“歌唱祖国”，从这一个个节目中可以感受到您为这个六十周年校庆所凝聚的匠心与智慧，以及您对于身为一校之长对学校的深情厚意，晚会组织得确实不负这所“与共和国同龄、与首都同名”的全国名校的盛名。

吴：北京小学是1949年6月成立的市政府子弟学校，学生最小6岁最大18岁，都是来自解放区进城的随军子弟。确如你的感受，校庆所表达的正是传承革命的家与校、校与国的情怀。

王：我看到由您设计的并赋予各自寓意的“亲师园”“桃李园”，很有江南园林的诗意，也是很多学校建筑不具备的风格，这个构想又是源于什么呢？

吴：是我借机对学校办学历史的回顾，是对前辈的尊重和敬仰促使我必须要完成的一个里程碑性的工程。

王：我知道您任北京小学校长15年，也见过诸多杂志报纸上对您办学思想和历程的采访报道，您能简要说说您在任期间对北京小学办学的贡献吗？

吴：承前启后、前赴后继是事情发展的自然规律，是历史决定了个人的作用。北京小学60年来先后有12位校长、书记，任期最长的是26年的陈玉华（我们都亲切称呼她“陈老太”），她的贡献是北京小学任何人都不可比拟的。北京小学的开启人是张廉云、禹培芝、伍真，1953至1966年的奠基期和1981至1994年的恢复期是陈老太主持的。尤其是恢复期的13年是北京小学最艰苦的规模构建期。我是在北京小学的改革发展期接了陈老太的班，她老人家的努力是我继续办学的基础，跟自己比，我的作用有三个数字可供参考。一是教师队伍由1个中高职称上升至15个，为8位教师先后出版了16本个人教育专著；二是先后改善了53位教工住房困难；三是主持建筑设计，新建了9所北京小学分校及分部（贵阳中天北京小学分校、北京小学广外分校、北京小学大兴分校、北京小学走读部、北京小学大兴翡翠城分校、北京小学万年花城分校、北京小学通州分校、北京小学大连华润海中国分校、北京小学红山分校），总占地近14万平方米、总建筑近15万平方米。服务规模由每年招6个班扩至40个班。

王：数字说明了一切，但令我更感动的是您对前任校长的诚恳态度，这使我想起了一句话：有多大的胸怀就有多大的发展空间。北京小学六十周年的校庆，不仅是为学校，同时也为您做了一个完美的展示性的总结。按常理，您完全可以功成名就地去过颐养天年的退休生活，为何还要千里迢迢地再跑到成都去继续投入办学实践呢？

吴： 一是上级组织部门延聘我两次至2009年的8月，校庆之后我本想以工作室的方式留在北京，但12月老校长陈老太的病逝似乎提醒我已完成北京小学改革发展期的使命，到了该离开的时候了。二是还想挑战一下自己的办学实践，因此，2010年在成都市成华区主管教育的曹晓琼区长和李香贵局长的邀请之下，离开了北京来到这个天府之地。尽管不做法人，但“总校长”和“成华校长工作室”的责任足以让我再有更深入的机会去学习、思考现实的基础教育办学。我参与新建创办的石室小学占地30亩，建筑16000平方米，是成都市区硬件配置、环境条件品位较高的社区小学。而成华区恰在此时承担中国教育学会“均衡和谐教育改革实验区”的课题，学校又正处于国家教育规划纲要启始之年，新学校的顶层设计既要体现地域地区发展的文化根基，又要契合“教育没有最好只有最适合”的时代精神，迫使我必须研究四川、研究石室的历史渊源。

王： 我已经在与您的交流中、在参观石室小学的见闻中，深深感悟到您对历史文化的研究领悟与深厚表达，请您谈谈这个学校的校训生发和创立的历程。

吴： 是学者林和生撰写的《文翁石室》带我走进了中国汉唐文化昌盛的四川，走进了中国第一所国办学校的教育史诗，从而为两千多年“石室教育家族”新建小学的办学理念设计奠定了基础。首先要定位的是办学的目标和理念。办学目的表述为：“教天地人事、育生命自觉，培养个性化、本土化、全球化视野的终身学习者”。根据这个目的办学理念的表述是：“尊重育教规律、尊重学生人格、尊重自主发展，活化中外学习资源，创造适合每一个学生健康成长的服务环境”。在这样的价值理念下，再结合学校的教育渊源定格学校的训导语，校训为：“见贤思齐，学而不厌”。八个字分别来自《论语·里仁》中的“见贤思齐焉，见不贤而内省也”和《论语·述而》中的“默而识之，学而不厌，诲人不倦，何有于我哉”。

王：看来，“见贤思齐学而不厌”这八个大字蕴含着承前启后、贯通中西、继往开来的深远内涵啊。

吴：这不仅是几个字的含义表达，接下来还要根据办学的目标、理念、校训来创设学校的精神文化氛围。这精神聚焦在三组的环境设计中。第一组是“图腾大厅”，位于学生每天必走过的门厅内。图腾是人的精神信仰、价值追求，人类图腾的载体随着社会的进步由物质走向了精神，开创了现代社会各种潜移默化的育教方式。石室小学位于华润地产二十四城高档社区内，学生大多来自四川各个地市、县镇，引导孩子建立浓厚的家乡国土意识就需要让孩子感受实实在在的地图。为此我们将分别放大了七八倍的四川地图、中国民族地图、世界标准地图铺设在大厅地面及主墙面上，呈现给孩子这样的概念：“地灵人杰美丽家乡的四川，民族团结和谐家园的中国，人类文明共同梦想的世界”。第二组是“感恩”“尚美”植物园。第三组是设置在学校五层楼上的“四川历代名贤记忆馆”，馆内展示了近九十位历代贤圣、名人，每个人的形象、简介以条幅的方式排列，教师们还为每人制作 PPT 演示视频以供学生搜索学习。

王：上次去石室小学，走进“图腾大厅”，看到地面上的四川地图、中国地图和世界地图，我就有怦然心动又哑然失笑的感动：却原来，为教育者还真是“英雄所见略同”啊，我在十年前也去参与过外地一个童装名镇的一所 70 亩地超大型幼教机构创建的工作，当时也这样分别在几块操场上设计了本省、中国地图及代表世界各国的游戏方块彩色地垫，当时就希望孩子和教师能够一边学玩游戏一边播下“世界意识、中国心、乡土情”的幸福乐园幼教种子，只可惜天时地利人和各方条件均未到位，这个“幸福幼教特区实验”未能获得成功持续。不知以后是否还有机会让那些漂亮的“图腾”像您在石室小学所做的一样真正发挥教育作用。除了这个“图腾大厅”之外，我对石室小学五楼那个“四川名贤厅”也印象极其深刻，看了这个名单，让我对四川竟然有这么多的古今中外名人而感到震惊，我相信，这样的教育对孩子的“乡土情”和“中国心”教育也是颇具震撼力的，在此，我们将这个四川历代名贤榜向大家分享一下：

四川历代名贤榜

世纪伟人	邓小平（四川广安）	红军之父	朱　德（四川仪陇）
中国军神	刘伯承（四川开县）	两弹元帅	聂荣臻（四川江津）
文武全才	陈　毅（四川乐至）	国家主席	杨尚昆（四川潼南）
戎马上将	罗瑞卿（四川南充）	红军干才	陈伯钧（四川达县）
开国将军	张爱萍（四川达县）	亮剑将军	梁光烈（四川三台）
现代文豪	郭沫若（四川乐山）	文学巨匠	巴　金（四川成都）
国画大师	张大千（四川内江）	文字先驱	吴玉章（四川南充）
戏剧大师	阳翰笙（四川高县）	大河小说	李劼人（四川成都）
南行作家	艾　芜（四川新都）	生物学家	周太玄（四川成都）
数学博士	魏时珍（四川蓬安）	平民教育	晏阳初（四川巴中）
民族战士	沙　汀（四川安县）	川北圣人	张　澜（四川南充）
碧血黄花	喻培伦（四川内江）	新闻巨子	范长江（四川内江）
革命先驱	赵世炎（四川酉县）	忠贞不屈	李硕勋（四川高县）
特级英雄	黄继光（四川中江）	抗日英烈	赵一曼（四川宜宾）
服务人民	张思德（四川仪陇）	红岩女杰	江竹筠（四川自贡）
华夏先祖	大　禹（四川北川）	一代女皇	武则天（四川广元）
治水川祖	李　冰（秦末蜀郡）	官学始祖	文　翁（西汉蜀郡）
卧龙先生	诸葛亮（蜀汉丞相）	汉昭烈帝	刘　备（蜀汉先帝）
草堂诗圣	杜　甫（河南巩县）	太白诗仙	李　白（四川江油）
千载名女	卓文君（四川邛崃）	浣花才女	薛　涛（四川成都）

吟凤求凰　司马相如（四川成都）　东坡居士　苏　轼（四川眉山）
颍滨遗老　苏　辙（四川眉山）　老泉夫子　苏　洵（四川眉山）

第一诤臣　魏　征（四川剑阁）　蜀中状元　杨升庵（四川新都）
天文学家　落下闳（四川南充）　汉文学家　杨　雄（四川绵阳）
国史学家　陈　寿（四川南充）　数书九章　秦九韶（四川安岳）
石室先生　文　同（四川绵阳）　希夷先生　陈　抟（四川资阳）
星象学家　袁天罡（四川成都）　汉魏风骨　陈子昂（四川射洪）
五粮酒神　邓子均（四川南溪）　蒙山茶祖　吴理真（四川雅安）

光彩万达　王健林（四川成都）　民营企业　刘永好（四川新津）
民间博物　樊建川（四川宜宾）　商界精英　刘沧龙（四川什邡）
巴蜀鬼才　魏明伦（四川自贡）　当代作家　刘心武（四川成都）
大片战略　韩三平（四川旺苍）　IT 传 奇　李开复（祖籍四川）
校园作家　杨红缨（四川成都）　四维作家　郭敬明（四川自贡）
诗坛泰斗　流沙河（四川金堂）　最好教师　李镇西（四川乐山）

巴蜀名贤　马识途（四川忠县）　长安画派　石　鲁（四川仁寿）
金碧山水　张幼矩（四川成都）　墨许山河　曾来德（四川蓬溪）
中国美声　廖昌永（四川郫县）　军旅歌手　李丹阳（四川成都）
西域歌手　刀　郎（四川资阳）　词曲歌手　郭　峰（四川成都）
最酷超女　李宇春（四川成都）　金 龟 子　刘纯燕（四川成都）
开心辞典　王小丫（四川凉山）　幽默主持　刘仪伟（四川成都）

跳水皇后 高 敏（四川自贡） 飞碟枪手 张 山（四川成都）

网球秀女 郑 杰（四川成都） 体操秀男 邹 凯（四川泸州）

乒乓冠军 童 玲（四川自贡）

女排精神 张蓉芳 梁 艳 朱 玲 巫 丹 陈 静

吴：名贤榜上榜人物还需要不断补充与添加。由于“四川历代名贤记忆馆”契合了校训，为学生“思名贤学自强”提供了形象鲜明的人物参照，不仅突出了学校教育的核心价值，也同时为地域地区文化活动提供了互动的场所。

王：我完全能够想见您这个“四川历史名贤记忆馆”给地域文化所带来的传播作用。如果不是走进石室小学亲眼所见，我就无从得获四川名贤集锦这一课的学习，我相信很多到过石室小学的人都有这样的同感，这应该是您在指导办学之外给当地带来的文化传播贡献，而这也恰是历代教育家所崇尚、所践行的价值意义。

吴：除了明确办学理念、定位校训目标、创设环境氛围，第四还要将学校的办学意志延伸到学生、教师个人的发展与追求，即生训、师训及与家训的链接。因此，石室小学教育概念下的个人形象分别表现为：生训——“自主自强、学有所长”，具体的内容解读为“以自我阅读为中心、以习惯良好为标志、以热情交往为链接、以个体自主为方向、以基础扎实为目的的生活自理、学习自主、健康自强、行为自律”；师训——“专业专心、自尊自重”，其内涵为专业引领（专业理念、专业知识、专业能力）、专心研究（个体素质的学业水平、自主发展的增值性评价）的职业境界，以及自我管理、自我超越的职业尊严。至于与家训的链接应该留给年级，尤其是班主任去各自创新发挥，这里不展开叙述。

王：如何将这些生训、师训、家训的内容贯彻落实下去呢？

吴：这就是接下来我要介绍的第五点，将石室小学的办学思想用“誓言”的方式固化成更为个性的责任、义务和价值追求。因此，誓言的组织与设计要征求各方的意愿，修改之后达成共识。

王：我在石室小学的“图腾大厅”墙面上看到这些针对学生、教师和家长的誓言，在这里再向大家分享一下：

我宣誓

“我是中国人，我的家乡在四川，我是成都石室小学的学生。我知道，我的校名源于汉代蜀郡文翁所创办的中国第一所国办学校‘文翁石室’；我的校训‘见贤思齐，学而不厌’源于中国第一教师孔子的《论语》。我还知道，学习、成长是自己的事，爱家、爱乡、爱祖国做现代的中国人，就要‘自主自强、学有所长’，从我自己做起。”

“我是成都石室小学的家长老师，为人父母，我是孩子的第一任教师。培养孩子从小对自己负责，学会求知、学会做事、学会交往、学会自主发展是蒙童养正的根本任务。我时刻关注孩子的成长、积极分享学校和各个家庭的教育智慧，为孩子成为健康的社会人承担起神圣的责任。”

“我是成都石室小学的教师，我敬仰文翁、信奉孔子的教育思想。我热爱教育事业，努力学习、勤奋工作，以‘专业专心、自尊自重’维护教师和教育的尊严。尊重学生人格、因人施教、鼓励每一个孩子健康发展是我从教的天职。”

“我是成都石室小学行政服务员，为教师的专业发展、学生的个性发展创造优质的服务环境是我工作的起点，勤勤恳恳、全心全意、无悔无怨是我职业形象的标志。”

吴：石室小学顶层设计的五个步骤之所以能一气呵成，是因为地域地区领导和教育同仁现代发展的意识强烈，再加上是新学校，没有过程性的理念负担，所以她的教育概念设计能够与时代发展相契合。至于具体的办学效益，我想请石室小学曾蓉校长和她的领导团队再介绍，因为我每月在成都的时间不足十天，大量具体深入的办学工作是曾蓉、周静、陈怡、张明荣等领导组织实施的。

王：那到时我们再来听听曾蓉校长和其他人的具体介绍。应该说，石室小学的成功创立和良好口碑又给您的办学实践生涯画上了另一个圆满的句点，接下来您还会在个性化办学实践之路上再创新高吗？

吴：最近几年各地方政府为整合教育资源，新办了一批挂优质学校名号的分校，这些学校大多也是独立法人的中小学，如何既能发挥优质的名牌效应，又能创出接地气的地方办学价值取向的个性化效益呢？我想再举一个正在参与的新建学校顶层设计思路再供办学者参考。

王：这个学校在哪儿？

吴：北京大兴区准备2017年在亦庄建一所36个班规模的北京小学大兴分校亦庄校区，建设设计及前期投入由融创地产公司负责，后期装修设施由大兴教委负责，其性质是公办小学，受大兴邀请我参与了学校的设计并答应牵头承办亦庄校区。

王：太好了，从北京小学到成都石室小学，经过从首都到西部城市的发展性办学历程，再回到北京新区办学，肯定能使您的办学思想与实践更为丰富。

吴：这个学校的设计，首先要考虑到中国教育深化改革的大背景。2017年是高考改革全面实施的起始年。高考的改革表明中国教育更贴近了大众化、普及化的终身学习时代，培育个性的核心素养将主导中小学的办学意志，学校会比过去更加关注学生的心理素质和身体素质的教育，室内外的体育设施设备将是学校建筑的重点。因此新学校要有篮球、足球、体操、乒乓、轮滑、攀爬以及田径运动场的设计安排。其次学校的建筑设计必须要以学生的教育教学活动运转来布局普通教室、专业教室和文体活动，尤其避免交叉冲突的活动。为此我建议推翻已经立项的报批设计，与设计师重新磨合学校的建筑布局。你知道我已经主持设计了几所学校，有人开玩笑说我懂“风水”，其实我只是坚持了学校建筑的三个要点。一是“门要正”，旁门左道、歪门、斜门不利于学生的心理健康；二是“路要顺”，要以学生低中高的不同运动路线设计校内外的道路，避免安全事故发生；三是“屋要亮”，表面看似要采光实际要的是室内充足的含氧量。还要增加地下车库和以国旗台为中心的广场面积。

王：环境设计确实要体现以教育发展内涵为主导、以学生成长需求为主旨的科学人文专业理念。在多年辅导整体办园管理的过程中，我也曾经多次经历过这样修改建筑图纸、重新报批装修方案的历程。2014年还整合了一个由建筑设计师、园林设计师、办园管理者和课程教学研发教师组成的教育环境创意团队，想从土建开始介入对幼儿园、亲子中心、儿童公园、游乐场等儿童项目机构的建筑创意设计，从校舍建筑根基上去做这样的源头与顶层设计。

吴：最重要的是，还要紧密结合当地的发展背景与实际条件确定办学理念。亦庄是北京较早的经济开发区，集合了中外一批高素质的人才和家庭。亦庄本土的前身就是农村土地，没有可寻觅的价值，但“亦庄”两个汉字的字意可与追求高起点的教育期待相融汇，“亦”字还可表意为“也”，从人发展全面性的文与武、智与勇、德与才的对应表达可以描述培育目标，“庄”字可体现教育的严肃认真，又可表达做人做事的人格风貌。所以为紧扣亦庄校区，其校训可考虑“亦智亦勇、庄严庄重”。生训结合该地域学生生活环境优越、易生心高气傲而不会合作的倾向，提出“健康健壮、互信互助”的训导语。师训则可结合地区学生素质总体较高，应突出教师教育的“专业专心、亲切亲近”的职业形象。这仅仅是初步的构想，在学校建设完成之后，教师、家长团队开始聚合时再进一步研讨制定学校的办学思想，以形成亦庄校区的发展共识。

王： 这一点确实至关重要，也是我个人的实践教训。当初的“幸福幼教特区实验”从理念目标、园舍创设、资源支持、管理实务至今看来都还是方向正确、价值到位，但最大的问题便是“从天而降”，只想着将先进的理念体系植入进去，而忽略了“因地而生”，其实更应该结合当地的实际条件来因地制宜地度身定制。也正是这种外来先进理念体系遇到当地固有文化观念的强烈冲突，致使这个项目经历了“出师未捷身先死”的教训，才让我更加深刻地领悟到被引入《孩子的一百种语言》一书中的美国人类学家大卫·霍的精辟之语："一棵根深叶茂的大树是不可能如此简单地被放进飞机里，再运送到其他地方的。"从此我开始从教育转向对文化的探索。您的介绍又给我上了生动的一课，非常期待看到北京小学大兴分校的亦庄校区，能在您的思想智慧指导下再创个性化办学的新景象。

突围：深化改革之变

“要深化教育体制改革，健全立德树人落实机制，扭转不科学的教育评价导向，坚决克服唯分数、唯升学、唯文凭、唯论文、唯帽子的顽瘴痼疾，从根本上解决教育评价指挥棒问题。要深化办学体制和教育管理改革，充分激发教育事业发展生机活力。”

——习近平在全国教育大会上的讲话

“早期教育太混乱、小学教育太死板、中学教育太沉重、大学教育太迷茫的症状，究其根源，还是存在着整体把握不力、系统相互影响的因素。教育观念的狭隘化、教育认识的表浅化、教育行为的功利化和教育管理的泛滥化是造成当前教育现状推诿不去的主要症结所在。”

——王晓燕《中国教育问道》

万丈高楼平地起，千里之行足下始。对于中国教育改革这一长路漫漫的探索与发展历程来说，校长个人的办学经验所积累的案例素材与实践基础，就相当于为中国教育现代化大厦的地基建构提供了坚实的一砖一瓦。而如何将这一砖一瓦的能量经由所有办学者与决策者共同努力不断放大到千军万马的力量，去有效推动整个中国教育大厦的现代化建设，这其中还需要经历一个内在嬗变与外部突围的艰辛过程，而这一点，或许也正是中国社会改革进入深水区的难题在教育领域的攻关课题展现。

接下来，且再听吴国通老师如何破解这一教育突围攻关之战。

一、变革学校地位

从成才包办无限责任回归到社会化演练的文化民生

王： 您的个人办学思想与实践案例都已经体现出对于基础教育办学改革的成功经验与系统方略，我相信像您一样优秀的教育家型校长在中国大地上肯定还有不少，但为什么中国教育整体改革还是步履维艰、成效缓慢？

吴： 凡是改革就没有一帆风顺的。真正的改革与发展就是一个突破旧有思维模式、转换发展方式、重组利益格局的过程。有破才有立，有立才有发展。办学的思想决定行动，变革发展方式的破与立就是构建更适应人现代发展的价值取向。这种价值取向从社会发展的大背景来看，教育已从学校一次性的知识拥有转向可持续的、多元的、自我生存的终身教育与成长。正是这种价值取向的深化改革，推动整个教育系统的理念理论、体制机制、方式方法迈上了现代化的路径，只是从个体到整体、从局部到全面，还是需要一个突破飞跃的过程。而从尊重办学的现代规律来看，这种突围性的变革应该是全方位的。

王： 您指的全方位突围包括哪些方面？

吴： 首先要变革对学校地位的认知观念，从人才精英培养回归到演练社会人的一个初级过程，学校应该是为学生未来发展的初步奠基，而不是社会附加给学校教育的无限责任。

王：怎么理解这个问题？

吴：因为教育在扫盲或在精英化的时代，学校是知识的重要传播地，但在学习资源途径无限丰富、价值选择多元的现代社会，学校教育要回归社会发展新的常态中，仅仅是儿童少年吸纳成长因素的一个过程、一个途经地，而不能包办一个人成才的所有责任。

王：既然学校不再承担儿童发展的无限责任，您觉得这样新常态的责任回归应该转向何方？

吴：这种回归呈现在三个方面的变化，其一是教育责任回归家庭。重视家庭教育历来有之，封闭的农耕时代“子不教”可能就是个过错，而在开放的社会环境中，这种过错的升级也许会演变为亲子的“坑爹”“啃老”甚至是“杀身之祸”。其二是教育动力回归自我。教育的最高境界是自我教育，终身学习需要培养孩子从小对自己负责，学校教育活动只有一个目标，就是转化所有的教育教学活动为学生自主、能动的自我追求。其三是学校教育的文化回归。这里所说的文化不是传统意义的“传递、继承”的概念，而是荷兰哲学家冯·皮尔森“生存发展方式”的文化概念之说。“什么是文化？”冯·皮尔森结合加速发展的时代步伐，把文化的概念拓展为“人对周围力量施加影响的方式”，这里的“文化”就成了“生存方式”的同义词。

他认为“文化是人的活动，它从不停止在历史或自然过程所给定的东西上，而是坚持寻求增进、变化和改革。它要求个人和集体不断地采取主动行为，建立新的起点，从而以这种方式突破自然的固有性。正是这种活动为人类历史提供了动态因素”。① 国内学者朱永新在论述教育与文化的关系时也曾强调：“教育的真谛乃是文化的自我创生。教育的过程也是文化‘选编’的过程，只有文化才能够让学校拥有灵魂。”两位学者结合时代的动态、超越性的发展来解读文化的概念，给文化的内涵注入了生命的活力，非常适合现代学校与社会的文化关系。同时也证明了一个最直接的辩证关系：有什么样的生存方式就必有什么样的文化。

王：说到文化回归，让我想起清华大学人类学学者张小军教授对于文化的解读，他将文化定义为一种具有动态再生产性的编码系统，认为文化编码具有时间的三重性特征：“过去已经形成的文化编码作为人们行为的基础；文化编码在现时人们行为中不断进行动态结构化调整；现时的文化编码又是未来人们行为的基础，并帮助人们理解过去。此外，文化的互向性特征表现为

① 冯·皮尔森：《文化战略》，刘利圭、蒋国田、李维善译，中国社会科学出版社1992年版，第2页。

人们创造了文化编码，又被文化编码所创造。”① 这样的论述或许从另一个角度解读了上面您关于教育的文化回归理念：“教育的真谛乃是文化的自我创生。教育的过程也是文化‘选编’的过程，只有文化才能够让学校拥有灵魂”，这种灵魂，便是将学校的过去、现在和未来有机联结起来形成“有意义的流动”的编码系统。

吴： 学校的文化地位由绝对的知识传递优势回归到相对的民生共创生态之中，其作用是要更亲近于人的发展。马克思认为人的本质是“社会关系的总和”，而少年儿童从家庭人变为社会人的一个重要的演练场就是学校的文化生活。学校教育模拟了人与人、人与组织、人与社会活动的关系，使儿童少年具有了初步的社会性。所以，学校教育的价值取向由功利回归文化的意义重大，它直接影响学校教育发展的现代属性。

王： 这个文化回归的现代属性与我们古老的文化传统之间存在怎样的脉络关系？

吴： 学校教育地位的“三个回归”，即教育责任回归家庭、教育动力回归自我、教育发展回归动态的文化，不仅契合了社会发展的时代性，其根源又与中国文化的三大要素休戚相关。汉字居

---

① 张小军：《人类学研究的“文化范式”——“波粒二象性”视野中的文化与社会》，载于《中国农业大学学报（社会科学版）》，2012 年 6 月第 29 卷第 2 期。

中国文化的要素之首。代表世界文明的古埃及留下了可考证的金字塔，古罗马有斗兽场可供后人游览，古印度的恒河仍在养育着今天的印度人。但四大文明古国中唯有华夏中国的后代子孙们能随时与祖先的智慧对话。其原因是形声、形意的汉字规避了地域地区拼音文字的相对狭隘性，延绵了中华文明的传承，是汉字的五千年建构了中华民族五千年的文明史。小学的识字、写字教学，实际的意义是在扎根中国的文化元素。所以，美国汉学之父卫三畏在1848年《中国总论》中是这样评价汉字的价值："一旦废止汉字，而改用字母拼写汉字方言，中国将不复存在！"

王： 那么教育责任的回归又如何体现？

吴： 中国文化要素的根基是"以家为宗教的家庭、家族"。近几年国内外流行一种"中国人没有信仰"的说法，实际上这是没有弄清东、西方文化基因差别的一种误读。以美国为代表的西方世界，认为社会的最小单位是个人，约束个人和个人的关系是宗教与规则，尽管他们大多数的人在信教、在忏悔，但是"个人至上"的本质改变不了他们去争斗、去占领、去掠夺，唯恐别人超越自己的本性。

王： 我也同意这样的观点。

吴： 以中国为代表的东方，则认为社会的最小单位是家庭，正如孟子所言"国之本在家"。维系家庭与社会关系的是亲情伦理与家庭教育，“孟母三迁”、朱子家训，一切教育从家庭开始，而血脉相连的亲情伦理使“忠孝”成为人之可为人的精神支柱。所以无论是古时的“株连九族”，还是今日大腕明星为儿子吸毒出来道歉，都表明中国人信家、信家族的血缘，以祖宗为神，是一个“以家为宗教”的民族。看看改革开放，为家的温饱、为家的小康，打工族遍布大江南北，为了春节“回家”，人员流动创造了世界之最，而清明祭祖的人山人海远远超越了世界上所有的宗教集会。正是以家为宗教的主流意识使我们的文化能够包容各教各派，与它们和谐相处。看看中国颇有特色的古镇，往往都是中外各宗各教和谐融汇的地方。所以，美国《赫芬顿邮报》2010 年 12 月 22 日这样评价我们的信仰：“中国个人身份的传统支柱——家庭和民族依然强劲，家庭、家族的完整和民族的归属感是社会的稳定器。”

王：是的，许多人都已经开始意识到中国这种“家文化”的根本特点，浙江大学还成立了专门机构用以研究“亲子文化”，这也为教育责任回归家庭创造了时代性的共识这样的认知环境。

吴：中国文化要素之核心是“四书五经的儒家精神”。中华民族经春秋战国百家争鸣至秦形成统一的大国，而构建国家精神是从汉武帝“罢黜百家独尊儒术”开始的。“修身齐家治国平天下”清晰地描述了个人、家、国、天下的递进关系，而培育这种家国情怀又是以“读书志在圣贤”为社会的价值导向。正是历代儒士那种“为天地立心，为生民立命，为往圣继绝学，为万世开太平”的文化精神构建了中华民族“尊孔敬儒”的社会风尚。

王：也因此，文化回归才是教育回家的终极归宿。

吴：是的，文化决定一个民族、一个国家，甚至一个家庭一个人的生存发展方式，而动态、超越时势的生存发展方式又在不断地丰富并创新民族、国家、家庭的文化内涵，使整个社会的发展由时代到根源的结合，呈现新的文化发展常态。

王：从承担教育的无限责任到教育回归个体、家庭、社会和文化的学校地位的根本性变革，将给我们的教育改革带来怎样的突破性改进？

吴：学校教育发展的三个回归，《国家中长期教育改革和发展规划纲要》是从“率先转变增长方式”的角度，来强调要“把开展家长教育，培养家长先进的教育观念和科学的教育方法作为学校的重要任务。地方政府要督促学校建立家校合作制度和合作机制，并为学校配备专项资金”。实际上普及化教育个性发展越来越突出的时代，开发、共享家庭教育的优质资源，教育责任回家，“让家长告诉家长”“让学生影响学生”——对促进或实现学生的个性化发展提供了可实施的更宽泛、更有效的实践途径！也正是这个多元价值选择的时代，使学校教育已经无法承包学生个性的独特发展，因而适时变革学校的教育地位，树立家庭教育、自我教育、学校教育新的“三教”统筹的发展观，是推进教育回归民生、回归社会文化发展新常态的一个必然的选择。

二、变革社会关系

以人际关系的正常化口碑来维护学校教育的尊严价值

王：中国社会改革的难处，在很大程度上或许与费孝通先生所称的差序格局的特色有关，即在中国人际关系就像水面上泛开的涟漪一样，由内而外层层影响，因而一旦有什么改革动向，就会牵一发而动全身，而产生“拔出萝卜带出泥”的效应，致使改革举措难以有效进展。您是否认为在中国教育改革历程中也存在这样的现象需要攻关突围？

吴：中国是一个以家庭和家族姓氏血缘为表现、亲情伦理为基础的关系社会，这种关系的理念在社会化的交往中已经深刻到了“五百年前是一家”的程度，因此讲人情、讲关系似乎是人人相处的潜在意识。而当改革开放打破了这个相对封闭的社会体系时，首先是个人本位的多元价值选择冲击了传统中国的“家国”概念，其次是金钱至上的功利追求突破了官德、医德、师德等社会伦理的底线。但是从世界各国转型发展的大背景来看，一个国家一个民族的升级发展必须要伴随核心价值体系的自我构建，价值体系的调整与升级是社会精神的稳定器，随波逐流放任不管必将陷入民将不民、国将不国的漩涡。

王：教育改革如何突破这种现象、走出这个漩涡？

吴：教育是构建社会价值体系的基础。挽救堕落的社会关系、维护教育的尊严就是维护社会的核心价值。而教育的尊严源于教师的职业尊严，所以学校教育突围的第二个重点，是要以教师为主线来建构学校教育的人际关系，升级现代学校人与人互为教育主体的联系。这种人际联系主要表现在教师与校长、教师与教师、教师与家长、教师与学生四个关系上。而排在第一位的校长与教师的关系具有“上行下效”的影响力。这是因为校长在学校管理中具有一定的行政决策权，“以官为本”的层级社会使校长的“权力”也具有了“君臣”的属性，直接影响着教师的个人利益及其职业发展。封建社会的绝对权力倡导“君臣有义”，现代学校的“君臣有义”则是公平、公正的人人平等，注重的是如何能更有效地发挥每个教师职业的主观能动性。所以校长与教师不是从属的上下级关系，而是构建教育理想共同体的互动关系。这种互动决定了校长与作为学校发展根本力量的教师两者之间的关系是“等距离”的事业伙伴关系、是业虽有不同而教育意志相同的“同志”关系；这种关系又决定了校长与学校教育的动力群体——教师不能有远近亲疏、嫡系骨干以及个人宗派的圈子，用唐太宗时著名的谏臣张玄素的四字箴言来概述就是“不党不私”的人际关系。

王：如何解释这种“不党不私”的关系？

吴：校长在学校管理中的地位和理念决定了学校的人际关系，校长与各种人际关系的远近亲疏又决定着一所学校的风气，这种风气不仅直接主宰学校教育的精神氛围，还会直接影响孩子们的心理健康。因此，从管理上捋顺学校教师为主线的四种人际关系，不仅事关教师的职业尊严也直接事关学校的健康发展。校长定位自己与教师“不党不私”的人际关系维护的正是学校教育的尊严形象。关于“不党不私”，通过张玄素的故事可以明确地解释：

不党不私

唐太宗因张玄素忠直，任他为东宫少詹事兼右庶子，让他去辅佐太子。可惜太子李承乾游玩不学，张玄素多次上书谏劝，但太子不纳。他一再进谏引起了太子厌恶，太子甚至派人暗杀他，使他几乎送命，但他并不引以为训，仍劝谏不止。太子不知改悔，恶行日盛，终于被唐太宗黜废。张玄素因是东宫官员而被牵连免职。

太宗废掉李承乾后，立晋王李治为储君。李治向老师赵恭存请教储君之道，赵恭存却让李治去向李承乾之师张玄素求教。张玄素送给李治四个字——不党不私。李治不解。张玄素解释道：“殿下将来要治理天下，不结党则天下人跟殿下都是一党，不用私人，则天下人都是殿下的‘私人’……”

王：不用私人，则天下人都是“私人”，这句话很有深意。

吴：“用私人、结派别”是官本社会政治体制的一种组织态势，从“官本”到“人本”，从“绝对权威”到“相对权力”，从“利益群体”到“公共利益”，“不党不私”表达的也是现代人的发展意愿，因而也是现代领导者应该追求的发展智慧，尤其是面对知识劳动者的教师集体，其意义更为突出。“不党不私”的人际关系标准使学校各级领导和教师们心无挂碍、能全身心地投入各自的教育专业工作中。这种“等距离”的关系终止了学校人事上的利益交流，所有节日没有人登领导家门表示敬意，风正气洁的人际环境解脱了干部教师们的精神负担。

王：这种校长与教师之间“不党不私”的等距离关系相信会大大影响学校的其他人际关系，比如教师与教师之间，又应该是怎样的关系状态呢？

吴：变革社会关系的第二个要点便是教师与教师之间“近距离”的合作创新的“朋友”关系。教师职业的基本特点是知识性的个体劳动，在以应试选拔、传授共性知识的精英教育时代，教师个人的经历经验是职业的财富。而在服务学生个性全面发展的大众化、普及化时代，人的凸显、学生发展多样性的选择等，迫使教师的职业劳动迈上了“没有最好的个人，只有最好的团队”这样的专业化发展时代。合作创新的集体劳动需要个人经验、技能技术的充分共享而形成的教育智慧，专业的教育科学研究是教师职业的现代标志。“你们的年段质量目标是什么？”“你们研究课题是什么？”“你们的评价导向？你们增值性的团队成果？”这样的评价性提问拉近了教师职业劳动“近距离”的关系。教师与教师合作创新的“朋友”关系是提升现代学校办学质量的重要基础，它改变了对教师“分数至上”的评价方式，所以也是学校教育转型发展的一个重要的突围要点。

王：好！请再继续介绍一下教师与家长之间的关系。

吴：变革社会关系的第三个指向是教师与家长“远距离”的“君子之交淡如水”的关系。这种“君子”关系保护的是教师的职业境界。每个家长从爱自己孩子的角度出发，都会期待教师给予自己孩子另眼看待，尤其是班主任或主科教师，而这恰恰是教师的职业大忌。学校教育在幼小的孩子面前必须是平等、公平、公正的，教师的情感态度不能掺杂任何私人利益。今天社会的不良风气使孩子的心理格外敏感，学校教育的形象尊严最先表现在离孩子最近的教师身上，所以对教师与家长关系的把控上不能完全靠觉悟，必须要有严格的“一票否决”制度。“凡是接收家长礼品或吃请的干部教师必须下岗”，这实际上维护的是教师本人的职业尊严。什么是学校的质量，在这一点上应该树立“口碑即是学校质量”的观念。

王：教师与家长之间这种君子之交淡如水的关系实在是太重要了。记得以前做过多次该不该给教师送礼的受访讨论，其实许多家长为要不要给教师送礼犯难，而一位好教师也根本不会因为家长送不送礼而对孩子区别对待，如果能够从学校管理层面坚定地明确这种制度，那么不仅对教师和家长都是一大解脱，也有助于师生之间建立更为纯洁、简单、公平的关系。

吴：变革社会关系的第四个指向便是教师与学生“零距离”的人格平等的“同窗”关系。“同窗”是学习型社会师生关系的升级版。在网络提速知识来源无限开阔的时代，网络成为所有可搜寻知识的“硬盘”，知识信息的无所不在使儿童也成为学校教学的共享资源。国际上多数国家、地区与国际组织都认为，以个人发展和终身学习为主体的核心素养教育模式，应该取代以学科知识结构为核心的传统课程标准体系。学校教育使命的转型，首先要还原孩子是活生生的主体人格，而不是灌输知识的容器，其次要把培育孩子对学校教育的感情、态度、信心作为主要的目的。所以，唯有“同窗”的师生关系、因人施教的亲和氛围，才能有助于首次踏入学校的儿童构建适合个人发展的自我学习意识。基础教育的首要基础是人格平等互动的学习活动，而不是被动地输入、强制地塑造，因为此时的教育信心及概念将影响孩子一生的健康发展。社会伦理强调的“童叟无欺”，对做教育的人来讲，就是要把儿童“当人”、要把老人“当神”。

王：怎么理解当人、当神这句话？

吴：当人就要尊重人格，当神就要分享智慧，这应该是教师需要树立的一个基本心态或基本观念。我们的教育多年来的问题就是不把受教育者当“人”来看待，而是当工具来塑造，当一种社会、集体的附属物来对待，不懂尊重儿童的人格，于是，很多问题也就因此而产生。比如，有人认为儿童是一张白纸，可以任意涂抹，这个观点在一些人心中似乎已经根深蒂固；有人认为儿童是需要塑造的，要“由我来塑造你”，而不是让儿童自己自然“生成”，认为管教儿童是理所当然的，这一切都是没有把儿童当成一个活生生的“人”来看待。也正因为如此，我们在教育上总是习惯于从孩子身上找问题，似乎问题总是出自学生那边，而不是出在我们教育自身、教师身上。就像我们常说的一句俗话：大人得病，孩子吃药。这是不合乎情理的事情。

王：这确实是最为根本性的问题。我曾经写过一首诗“儿童是什么”来表达我们应该如何看待儿童、对待儿童的儿童观问题。只有儿童观的彻底革命才会带来整个教育现状的根本性变革。因此，以前每次给家长讲座，也都要从“儿童是人”的观念基点开始讲起。

吴：正是因为缺乏对儿童人格的尊重，才会导致忽视人的主体地位、抑制人的主体性发展的各种教育弊端发生。比如，我们对学生进行礼貌教育，多年的做法是让学生戴上袖标站在门口，见到老师后问好，学校和班级也这么检查、落实和评定，大都使用扣分的办法。这种用行政手段约束学生言行的做法，纯属外向型、形式性的东西。我们的礼貌教育并没有成为学生自觉的行动，也没有形成内在的动力。再比如学生做课间操，本是为了锻炼身体，但我们却经常这样通知学生：今天有人来参观，要看课间操，大家要认真做操，为集体争光。这纯粹是把锻炼自己的身体变成了一种表演。再有，我们对学生进行纪律教育，常常是哪个班级学生出了问题，就用扣除集体分数的办法，总用集体的舆论压力来惩治学生个人的过失。这些做法很容易给儿童造成言行上的误区。我们对儿童所进行的诸多教育，应该尽可能地和儿童的自身素质挂上钩，要让儿童认识到自己的言行是自我素质、自我修养的一种体现，不完全是做给别人看的。比如，不随地吐痰，不乱扔纸屑，不践踏草坪，既是为了维护公共环境，也是一个人自身的道德素质和道德修养高的表现，体现了一个人严于律己的良好习惯。如果把这些自律行为当作是做给别人看的，那么一旦没人监督了，人就没有约束自身行为的动力了，那些潜在的缺点就会不自觉地暴露出来。

王：对，这才是素质教育难以扎根生效的根本原因，因为所有的素质都必须经由人的主体性发展而生长出来，而不是靠外在灌输或形式训练而勉强嫁接上去。可以说，没有对儿童人格的尊重，便不可能有真正的素质教育。

吴：是的，尊重儿童的人格才是对教育最大的尊重。而建立这种师生人格平等的“同窗”关系，需要突破传统的“师道尊严”

观念。大教育家卢梭曾强调："人类的本能和最原始的情感是以自身为中心的，所以，人的正义感不是源于我们怎样对待别人，而是产生于别人怎样对待我们。传统的教育方法容易犯一个错误，对孩子们只讲他们的责任，却从来不讲他们的权利，所以，这种教育方法从本质上就颠倒了。"① 新理念与旧观念的交接需要学习、教育，同时也需要强制性举措，为此"凡体罚或变相体罚学生的要记过、转岗或下岗"的"一票否决"制自然成为师生关系的规则底线。正是因为教育是人与人的活动，以什么样的态度来组织人与人的交往活动，便直接影响学校教育的质量和层次，尤其是孩子要通过学校教育来演练做初级的社会人，变革以教师为主线的人际关系是树立学校教育尊严的根本选择。

三、变革教育评价

以增值性的自我评价替代人比人的选拔性评价

王： 师生关系的变革是否会带来教育评价标准或方式的变革？

吴： 这是必然的。学校教育的终极目标是学生发展，影响学生健康发展的直接动因就是学校的评价导向机制。"一考定终身"的

---

① 卢梭：《爱弥儿》，商务印书馆 1978 年版。

传统评价方式已远离了学习型社会时代人的升级性发展需要，“考什么就学什么”的选拔与淘汰不仅窄化了教育的空间，还将学校、班级，以及所有教师和学生推入了不良竞争的漩涡。应该说考试评价本身并没有什么错，教育的改革与进步也不可能取消统一的考试，问题是我们如何运用统一考试的结果。从国家取消小学的升学考试实施就近分配初中的政策来看，一些地域地区行政或教研部门所组织的学业水平抽测，其性质是组织管理服务的自我监测，不具备教学质量甄别的指导作用，尤其在师资、生源不均衡的条件下更不具备评价的客观性，所以它不应该是指导基层教学的参考，而只能是改进行政管理或教研服务的依据。即使是声势浩大的高考和中考，从教育普及化程度越来越高、教育服务的多元选择越来越丰富的发展趋势来看，它的结果也只能是服务于人的分类性选择，同样也越来越不具备质量甄别的指导意义。

王：您的分析很到位，我看过一篇文章，说“高中是个把人分类的机器”，通过中考和高考把人分成名校、普校、技校，也就将学生的去向分成了三六九等，这篇文章正好说明了现行的评价模式只能服务于人的分类性选择，而并不具备质量甄别指导意义。您认为应该如何推进评价突围呢？

吴：立场决定评价的根本属性。学生的立场聚焦了学校的各项工作，把握这个立场就必须要尊重学生的个体、个别和个性，因人施教、因势利导，循循善诱地培育学生的自主、自信、自我的成长意识。教育大众化、普及化的学校评价应该是能充分服务于学生个体自主的、多样化发展的导向性评价，抛弃共性、单一的记忆性考查的最好办法就是学生立场的自我增值性的评价。

王：请您具体介绍一下这种增值性评价。

吴：评价决定教育的发展方式。选拔性的应试评价撬动的是人与人的竞争，着眼的是外显共性认知的评估，只有分数率高低的区别；而增值性的自我评价启动的是自比自的生成体验，着力点是内涵性的个性发展的评估以及对自身实际变化的时空比较。自我评价将迫使学校的管理重心下移，有利于实施扁平化的年级负责制，体现“管理在年级、动力在班级、互动在课堂、质量在个体”的过程导向。而扁平化管理又具体化了年段学业水平的质量标准，传统的地域地区统考分数只作为改进学校管理的参考，具体分数不再与教师见面，取代它的是“学年学生个体学业素质增值性发展研究报告”，报告研究数据的来源首先是自我设计，其次参考年级每个学期所组织的“学习力的自我检测”。以成都石室小学为例，“学习力”的检测着眼的是学生运用知识的能力测试，一学年合计仅有 20 ~ 40 分钟的统一测验，这实际上是取消了学校长期惯用每学期 2 ~ 3 周的复习考试时间，六年下来等于整整延长了学生一个学期的学习活动。

王：怎么理解这个问题？

吴：我再以石室小学 2012 学年第一学期为例，做个具体介绍吧。比如在“学习力”20 分钟的五六年级学年检测中，要求学生写出 2012 年上半年自己阅读过的报刊图书和课本，并向同学们推荐书籍、报刊、课本或一篇文章。15 分钟的三四年级学年检测中则要求写出“想”字的拼音、结构、部首和笔顺，并用“想”字组尽可能多的词，还要计划一下暑假的生活安排，用“我想……”写一段话。一二年级也用这样的方式，时间缩减到 10 分钟。这种方式主要检测的是学生平时的学习力，而非通过一段时间的集中复习来强记应付，因而可以大大地节约每学期 2～3 周的复习考试时间，这些时间都可以用来投入到平时的学习活动中，就好像给每个学期都延长了学习时间。六年下来被取消的复习考试时间合计为一个学期，实际是延长了半年的学习。

王：原来是这个意思。每个学科都采用这种检测评价方式吗？

吴：上述只是语文、数学两科在学期末的第一次检测的样题。而体育学科“铁人五项身体素质检测”则每学期组织两次，一学年组织四次，内容包括短跑、耐力跑、跳绳、抛实心球、肺活量的测试。肺活量是学生吸氧能力的重要参照，我曾担任过体育教师，在强力组织学生一个冬季的长跑活动之后，全校学生的肺活量平均值比中心学校的同年级学生高出110毫升，学生患感冒的数量也大大低于往年，所以体育教学要非常关注学生耐力跑的训练。一年四次检测的目的是让学生能及时掌握自己身体的健康指数。

王： 这种评价方式的改变，其最大的作用是什么？

吴： 评价权的下放直达学生本人，首先强化了学生自我的发展意识，其次即促进了教师合作创新的集体性劳动，又调动了教师研究学生个体多样发展的主动性，从而也为教师的专业成长奠定了基础。

王： 评价是一把双刃剑，更是一个系统工程，牵一发而动全身。记得我当时为家园同步幸福课程构建了一个由成长档案表、进步即时贴、主题量规表、教学评价表、同步报告书（家与园）、发展追踪表等从各个角度分设整合的全息评价体系，但其核心都指向一个聚焦点，即儿童的主体性发展。抓住这个原点，就将整个幼儿园和家庭同步指导的工作都有机有序地统整起来，可以起到事半功倍的优效促进作用了。根据这样的思考理解，您觉得在基础教育阶段，除了要提倡自我学习力成长的增值性评价以外，围绕着这一评价核心，又该采取哪些管理评价方法来保障或促进这一增值性评价体系的生态发展？

吴： 其实增值性评价是一个系统工程，虽然我们主要评的是孩子的自我成长，但其背后都需要以人为本、自主发展的管理思想理念支撑和保障，而最重要的是创造一切机会帮助每一位教师获得自我发展、自我提升的价值和动力。比如在学校成立了“专家工作室”，诚邀名师进校来给年轻教师当导师，比如帮学校教师出版个人教育专著，举办教师个人教育研讨大会等，积极创造这种以人为本、注重自我成长的校园文化与管理氛围。因为一所学校最长久的财富是教师发展，在教师心中形成这种管理文化了，就能够有效保障以生为本的评价机制实施了。

四、变革职业观念

以学生多样发展的问题研究逐步取代

以学科知识为中心的传授教育

王：确实，对学生的评价方式与对教师的管理文化息息相关。既然学习力的增长发展已经成为孩子们自己的事，那么，是否意味着教师的职业地位也要做出相应的根本性变革调整？

吴：“传道、授业、解惑”是唐代学者韩愈对教师职业内涵的最经典描述。传道、授业、解惑是为师者教学工作的三个方面，三者又是不可分割的整体，为师者在把握三者关系上的差异产生了“人师”与“匠师”的区别。但不管为师者的层次如何，以学科课堂教学为中心的“授业”是每位教师的必修主业。教师必须要清晰学科课程的目标，并以此目标为方向不断地去提高课堂教学的效益。课程、课堂是教师职业的两大支柱，教学目标是学科质量的标志。我们曾经以“双基”即基本知识、基本能力来概述教学目标，课程改革又以“三维”即知识与技能、过程与方法、情感态度价值观来表述教学的方向，而《国家中长期教育改革和发展规划纲要》的战略主题又进一步强调了“能力为重”的教学目的。事实上教学目标演进性的表达都没有离开“授业”的基本任务，即学习知识和运用知识。所以，在具体引领教师业务成长的过程中，首先应该明确的是各个学科应用性的核心素养，这样有利于教师把握学科教学目标的主线并以此制定教学举措。如语文学科的应用目标是“喜欢读书、能说会写、一手好字”，数学学科的主线则是“概念清楚、思维流畅、解题灵活”，而体育学科则结合当代孩子的发展急需表述为“不怕吃苦、健康第一、动有所长”。其次是要把教师的工作聚焦在课堂教学上。学校教育无论怎样变化，教学始终是学校一切工作的中心，课堂是教师业务的主要载体。为此，教师的责权利，包括职称、荣誉都应该聚焦在课堂教学的质与量上。我这里再举一个课堂教学工作量核定表来予以具体说明。

学科教学工作总量核计

学科教学工作总量的核定以一个班的备课、上课、作业、辅导等教学工作总系数为1。

学科	课时	备课	上课	作业	辅导	一个班
1 年级语文	讲读 6 节	6×0.4	6×0.3	6×0.2	6×0.1	7.4
	写字 2 节	1×0.4	2×0.3	2×0.2		
2 年级语文	讲读 6 节	6×0.4	6×0.3	6×0.2	6×0.1	7.4
	写字 2 节	1×0.4	2×0.3	2×0.2		
3 年级语文	讲读 5 节	5×0.4	5×0.3	6×0.2	5×0.1	7.6
	作文 2 节	1×0.4	1×0.3	4×0.3		
	写字 1 节	0.5×0.4	1×0.3	1×0.2		
4 年级语文	讲读 6 节	6×0.4	6×0.3	6×0.2	6×0.1	8.05
	作文 2 节	1×0.4	1×0.3	4.5×0.3		
5 年级语文	讲读 6 节	6×0.4	6×0.3	6×0.2	6×0.1	8.35
	作文 2 节	1×0.4	1×0.3	5.5×0.3		
6 年级语文	讲读 6 节	6×0.4	6×0.3	6×0.2	6×0.1	8.5
	作文 2 节	1×0.4	1×0.3	6×0.3		
数学	6 节	6×0.4	6×0.3	6×0.1	6×0.2	6
英语	4 节	4×0.3	4×0.3	4×0.05	4×0.1 x×0.25	3
体育	4 节	4×0.2	4×0.3		x×0.5	2
音乐	2 节	2×0.2	2×0.3		x×0.5	1
美术	1 节	1×0.3	1×0.3	1×0.05	x×0.35	0.65
社会	2 节	2×0.3	2×0.3	2×0.05	x×0.35	1.3
自然\科学	2 节	2×0.3	2×0.3	2×0.05	x×0.35	1.3

备注：1. 以上为一个班的工作量，教两个班的从第二个班开始，备课将按系数的 1/2 计算。教三个班及以上的，从第二个班开始，备课教案按系数的 1/3 计算。

2. 阅读课、带操、器材管理等按每课时 0.3 个工作量计算。

王： 经您这么一分析，教师对于教学目标主线的把握就非常清晰明确了。若以此为中心，就能将教师的职业关注集中投放到教学本身，而不易被各种对上对下疲于应付的被动事务所困。

吴： 我始终认为，教师职业的价值在于教学业务，包括校长也只是"相对的"公务员，但并不是真正的行政科长，如果脱离了教学的业务其实际价值也就是个科级职员。所以我一直强调，主任、校长一类的行政称呼好听不好用，是虚职，真正的职业生命是你的教学成就和教育的研究成果。学校学科教学的基本共性是备课、上课与课后辅导。但有的学科是课课需教案，有的却是一案多课，有的学科除了上课，还有作业及个别辅导，所以聚焦课堂教学不是笼统的数量比较，而是要结合各个学科教学的实际过程来核定教师的工作量。上述单位系数的核计尊重了各学科的特点，各学科上课的系数没有主次的划分，但备课的系数却有所不同，课后的辅导也体现了普及与提高的差别。教师工作量的设计是学校管理的重要内容，课时工资是教师收入的主要部分。上述工作量核计的目的是要用学校结构工资中课时工资的总额，除以全校教师以课时系数为统计单位的累积总量，得出一个单位系数的标准金额，此项金额随着国家投入和学校设定总额比例的变化，每年的标准金额都会有所不同，再用每年标准金额乘以每个教师实际的学科教学工作总量，就得出了相对合理的教师职业劳动的基本收入。

王： 这样以教学业务为中心的绩效考核与激励导向是真正地让教师回归育人之路，从教育本身的专业性贡献来获得自己的价值回报、职业尊严。

吴： 量是质的基础，相对稳定的职业劳动收入是提高教学质量或学科效益的前提，两者需要结合思考、整体突围。2012 年教育部出台了中小学及幼儿园教师的《专业标准》①，这是社会转型对教师职业的升级性挑战。回到"传道、授业、解惑"的师者之说，教育的现代发展更突出了为师者立德树人的首要职责，更强调了为师者以核心素养三维目标为导向的教学改革，更关注了为师者因人施教促进学生个性发展的"生本"研究。由职业到专业，没有研究就没有专业，专业概念下的教师职业又恰逢国家全面深化改革的治理时期，尤其是"大中小幼从此没有学术地位差别"的人事制度改革，为各级各类基础教育教师的职业发展开辟了更为广阔的空间。在师资培训的过程中我经常反问教师："你拿什么去评正教授？"肯定不是人人具有的基础工作量，而是教育教学的研究成果。1994 年我任北京小学校长时，全校仅有一位中高技术职称的教师，为变革教师的职业状态，我先后组织教师参加了北京师范大学裴娣娜教授主持的

---

① 即教育部印发的《幼儿园教师专业标准（试行）》《小学教师专业标准（试行）》和《中学教师专业标准（试行）》。

“发展主体性的教育实验研究”、中央教科所规划办的“信息技术与学习方式变革的实验研究”。教师们结合自己的学科教学先后申报了近百个子课题的项目研究，课题研究的论证、设计、实施及结题报告不仅提升了教师的科学研究能力，还为十几教师出版个人专著创造了条件。2010 年在我退休离开学校时，已有 15 人先后获得中高技术职称。

王：听了您这一番话令人激动。在十几年前我也在幼儿园教育行动研究中探索这样一种以研究为先导、以专业为核心、以成果为参照、以价值为激励的主体性管理模式，也在实践中很快地体现出教师成长的显效，只可惜整个教育尤其是幼教生态环境远未达到，反而将技术职称评定与成果论文发表都异化成个人名利纷争的潜规则泥潭。这也使得我离开这一领域去做社会化自由研究。但在您的描述中，我不仅看到了可以实现这种专业化主导模式的理想希望，而且还感受到了“大中小幼从此没有学术地位差别”的人事制度改革即将迎来“山雨欲来风满楼”的实践前奏，而这才是真正的教师回归平等地位和职业尊严的终极归宿。也只有在实现这种职业平等和尊严的前提下，才能完全实现我们在《中国教育问道》一书中所倡导的“构建 0 ~ 18 岁一体化发展整体教育体系”，使各个阶段的教育办学真正起到呵护人的终身发展的奠基作用，而非彼此割裂、各自为阵的比拼功利场。

吴： 教师职业的价值差别是教师的专业技术职称，决定专业技术职称高低的依据是教师的学术研究成果。传统的共性的应试考试成绩其本身并没有什么学术的含量，教育普及化时代的集中统考，其功能越来越趋向于为学生个性专业的选择提供服务性的参考。随着教育普及化程度的不断提升，教师职业劳动的项目研究将逐步扩展。首先是各级各类教育中人的个性发展性的研究就极其丰富，其次是促进生本发展的途径、方式方法、评价服务的研究也同样是议题广泛。中国是世界第一人口大国，长期以来人的教育与发展不仅粗放，甚至在若干领域就基本没有深入的探索。伴随“以人为本”的社会进步，基础的各级各类的“生本”实践研究均具有较高的学术价值。因此，专业不专业看研究成果的职业导向会使教师的职业劳动发生质的变化，同时也从根本上提升教师的职业地位。这样的变革恰恰印证了马克思对“职业”的论述。他说：“能给人以尊严的只有这样的职业，在从事这种职业时，我们不是作为奴隶般的工具，而是在自己的领域内独立地进行创造。”①

---

① 马克思、恩格斯：《马克思恩格斯全集》，中共中央马恩列斯著作编译局译，人民出版社 1982 年版，第 40 卷第 6 页。

五、变革教学技术

最大程度推进师生个性化的应用性自主发展

王：以上这一步步的变革突围或许也与当前互联网时代的社会背景趋势有关，开放互动本身便能促进平等交互与价值共建。这让我想起您前面所提的网络化学习对教育发展的影响，在这一方面，您认为需要加以重点突围的是什么？

吴：网络时代，教育是无所不在，学习型社会，学习是无时不在。只要愿意，孩子们的学习起点随时可以发生，几乎所有的孩子在学前就已经构建了自己的信息空间，“一张白纸”的儿童早已不复存在。网络的融合及提速又进一步挑战了学校齐步走式的教学模式。教学方式的滞后已严重地影响学习方式的变革，学生成长的焦虑不断引发社会质疑学校的深化改革。国内学者桑新民在《乔布斯之问的文化战略解读》一文中，提到乔布斯在去世之前提出的深刻疑问：“为什么 IT 改变了几乎所有的领域，却唯独对教育的影响小得令人吃惊？”

王：是，我也感受到虽然我们高喊教育信息化喊了这么多年，但在各级各类学校广泛的教育实践中，却似乎总是雷声大、雨点小，信息化的影响力几乎微乎其微，大部分还在传统教育方式的老路中。

吴：事实上网络文明的步伐正在迅速改变若干行业的生存发展方式。如同我在前面提到的这些案例：号称“胶片帝国”的柯达公司2012年1月申请破产，结束了自己130年的经营历史；《大英百科全书》2012年3月宣布停止延续了244年的印刷版本；尤其是商品，网上“淘宝”的方式几乎是颠覆了传统的生产与销售。教育的典型案例是美国的“可汗学院”。萨尔曼·可汗为了辅导外甥女学习代数，结合教材编了一套游戏软件寄给她，结果迅速提高了外甥女学习数学的兴趣。萨尔曼由此受到启发，成立可汗学院组织力量编辑各个学科的学习软件，上了美国《时代周刊》2012年影响世界“百人榜”，位列第四名。比尔·盖茨在颁奖词中说：“萨尔曼·可汗并不想当名人，他一不小心颠覆了传统，把教育游戏化、卡通化、自由化了！”他接着指出“如果老师们拥有合适的资源，他们能做的事是无限的，教科书的概念将慢慢消失，它将被网上可以轻松获得的最好的讲座和课程材料所取代”。正如比尔·盖茨所说的那样，美国可汗学院自2006年下半年开办以来，每月可招收到全球的20万学生、每天播放1630个课程能获得平均7万次的浏览量，这相当于哈佛及斯坦福大学学生总数的两倍。面对网络学习的兴起，斯坦福大学校长说：“大规模开放在线课程（MOOC）就像一场数字海啸，有可能将传统大学教育全部‘冲走’。这种颠覆性创新，正在改变全球的基础教育。”

王： 您是否是指，现在整个网络化生存学习方式大局已定、强势来袭，教育信息化的步伐也必然会由外而内不可阻挡地推进我们教育体系内部的技术革命？

吴： 教育必然要适应网络时代学习内涵、学习方式的变化，而变革教育教学的技术实际上就是要升级教育的科学生产能力。世界管理大师彼得·德鲁克指出“在知识社会，知识基本上只存在于具体的应用中”，联合国科教文21世纪教育委员会葡萄牙委员罗伯托·卡乃罗也明确指出“学会学习是终身学习最基本的能力，非正规的学习是终身学习的重要组成部分”。知识的概念、非正规的途径决定了学校教育技术装备的第一重点应该是教师，其次是教师指导学生应用、整合信息资源促进自我发展的能力。大数据、云计算、指尖课程都在描述教育的这个转型，但是实际上的学习方式变革还远没有落到学生个性发展的目标上来。大多学校信息技术的应用仍停留在便捷知识的教学与传授，便捷对学生学习成果的管理上，甚至由此加大了学生校内外的负担，不少教师还直接把对学生的辅导转嫁给了家长。在这里应该明确的是，变革信息技术要落到最大程度地推进学生个性发展的自主学习上。

王： 这确实是教学技术变革的重点突围难题。那么，如何实现这一从教育信息被动管理到教师主动应用发展的关键性转型呢？

吴： 2012年我曾在深圳组织中小学整体改革专业委员会第16届学

术年会，会议着力推崇南山实验学校“信息技术与学习方式变革的研究”。该校李先启校长提出培养孩子的“移动能力”，“有多大的移动能力未来就有多大的发展空间”。从一年级开始，学生自配手提电脑上学，学校将所有学科教学资源都装入学生机中，学习的权力、时间、方式由学生自己决定。同时提出“八岁可读写”、阅读总量800万字的要求。八岁、小学三年级，按教材要求学生已完成近2000多字的认读。根据中国汉字委员会2005年的科研报告证实：“一个人认识581个汉字可读80%的书；认934个汉字可读90%的书；认2315个汉字可以阅读99%的书”，由此可以得知小学三年级正是阅读素养的起步期，800万字的阅读量只有通过现代技术才能实现。南山实验学校正是以信息技术构建了学生的现代学习方式，从而促进了学生自主多样的发展，其方向、其价值值得我们学习与借鉴。

王：这样的经验确实值得推广。这让我想到这几年全国正在大力开展的教师培训工作。其实许多培训内容都可以从实践经验中来，像南山实验学校李先启校长这样的经验就可以成为教育信息化技术应用发展的实践引领者，通过大面积的师资培训去快速推动学校教育信息化应用发展。

吴：现代信息技术改变学习方式会同时改变教学的服务方式，因此变革技术要让学生和教师能在新的社会常态中，获得充分而自由的发展，这是科技进步的重要标志。

六、变革德育思维

务实学校与家庭立德树人的育教实效

王： 从前面变革学校地位、变革社会关系、变革教育评价、变革职业观念、变革教学技术一步步分析过来，我感觉就能够为素质教育的整体改革创造一种生态性的良性环境，使得素质教育可以扎根可持续发展。您一再强调素质教育的核心是立德树人，而德育工作也一直是中国教育重中之重却困之又困的教育改革沼泽，在这一方面，您觉得需要从何处开始变革突围？

吴： 新中国成立之后，尽管社会的物质生活相对贫乏，可人民出于对党、对领袖的高度崇敬与信赖，一个主义、一个口号就能改变整个社会的道德风尚，就能塑造青年学子的理想信念。但是社会的发展进步不可能停留在一个相对时期的精神状态中，尤其是面对生于动荡的文化革命、生于改革开放的伤痕文学、生于东西文化充分交融的一代代的新人们，社会的时代伦理已经奠定了他们道德人格的价值选择。政治口号式的教育模式、号召性的品德导向不仅不能加强道德教育甚至还会引起逆反、形成多面的人格。因此，如何判断这个时代的道德教育，如何改进我们的德育方式尤其是变革我们的德育思维，这是社会教育、尤其是学校教育必须要首先弄清楚的问题。2006 年在北京首届校长德育研讨会上，我曾专项论述了当代的德育理念，其中第一个突围点就是“树立发展的德育观念”，以“在改革中加强，在创新中发展”为题分享了对当代德育理论与实践的思考。

王： 请您具体介绍一下。

吴： 首先，从理论层面思考，现代德育理论更为深刻也更为全面。我们的德育理论曾经有过一段绝对化的历程，改革开放以来德育概念的研究似乎伴随着开放的程度不断地拓深拓宽，尽管我们目前还拿不出一个对德育公认的表述，但是从理性思维的全面性、深刻性来讲，现代德育理论已经迈上了一个新的台阶。

首先从马克思主义的最高命题来看，今天我们谁都不会否认道德教育的基本出发点就是“以人为本”。中共中央编译局俞可平教授根据马克思的观点，从共产主义社会就是“以每个人的自由而全面的发展为基本原则的社会形式”出发，“认为‘以人为本’就是充分尊重人的个性、尊严和权利，将人民的利益放在最优先的位置，促进人的全面发展，这一原则是马克思主义关于‘人的自由而全面发展’的题中之义，因此‘以人为本’与‘人的自由而全面的发展’是马克思根本价值同一命题的不同表述，其实质是完全一致的”①。

---

① 俞可平：《马克思主义的最高命题》，载于《理论动态》第1634期，2004年5月10日。

其次，从马克思关于道德的论断来看，马克思认为合理的社会或国家应该是“相互教育的自由人联合体”①，尚实同志在《马克思主义与现实》2003 年第 5 期发表文章认为，“马克思主张的是人们的相互教育，每个人既是道德教育的对象，也是道德教育的主体”，为此他又进一步引用马克思关于“共产主义者根本不进行任何道德说教”“教育者本人一定是受教育者”的论断之后，认为马克思的这一基本的道德观被我们忽略了。

再次，从我国众多道德教育专业的研究成果来看，南京师范大学道德教育研究所鲁洁教授的研究认为：“当代的教育在现代化的转型中发生了变异，道德教育出现了边缘化、外在化、知识化的综合征。”明确指出“教育根本的意义在于精神世界的提升，教育的根本指向是人的发展和完善”，“准确诊断当代道德教育所患下的病症，为恢复它的健康肌体而对症下药，众多德育工作者正在从各个方面为之付出努力”。中央教育科学研究所朱小蔓教授的课题《社会转型期道德学习的研究》认为：“学校道德教育应当关注、尊重和鼓励学习者作为主体的道德生活实践：即让道德教育回归学生的真实生活，重

---

① 马克思、恩格斯：《马克思恩格斯全集（第一卷）》（第二版），中央编译局译，人民出版社 2002 年版，第 217 页。

视培育和发展人的情感；重视双向沟通、对话、论理和代际交往。要抓住课程改革的机遇，激发教师成为有道德教育意识和能力的人，创造育人为本的学校制度和文化精神氛围。”

广东教育科学研究所所长郭思乐教授，从德育在教学生态中的地位论证了“外施性德育难以进入到儿童心灵深处，因而低质低效，儿童在良好的教学生态中会自动形成德性，教学生本化是形成良好教学生态和建立德育真正基础的关键”。事实上郭教授是在教育实验中进一步论证了教育家赫尔巴特在《教学论》中所强调的“我不承认没有教育的教学”的立论。

江南大学师范学院范晓阳教授从心理教育的伦理转向研究，提出道德教育的健康问题，他指出：“联合国教科文组织1999年提出‘道德健康’概念，健康的概念赋于道德教育以新的内涵，调节个体与社会的矛盾并非学校德育的根本任务，道德教育的目的应当是促进人在道德上的健康，帮助人学会用道德的方式适应社会。因而，放弃强制和塑造的方法论，接受包括心理学在内的多元化的教育方法，应成为改进学校德育的重要内容。”

结合上述德育理论的举证，我想用于然同志在《理论前沿》2004年第6期发表的《论道德与道德滑坡》中提出的“当前道德观念并非滑坡”来作第一部分的收关。他认为，“伴随着时代的进步而出现的道德观念的变迁是自然而然的事，从总体上看道德观念是向着更进步、更平等、更文明、更人道的方面发展却是不容置疑的事实”。

王：这些有关德育理论的论述会对德育工作实践产生什么影响？

吴：从实践层面而言，现代德育实践更为丰富也更为艰巨。

道德理论是人类经历了从原始到现代、从野蛮到文明的一次次脱胎换骨的道德实践的突变中，发现了自己的精神价值，创造了提升自己生存质量的理性法则。道德理论的厚度影响着道德实践的深度，而道德实践的宽度也同样刺激着道德理论的高度。

谁都承认，今天的世界在经济科技高速发展和信息环境无比开放的背景下，多元文化的交融和价值观念的冲突使德育成为了世界性的共同难题。在解决这一难题的过程中，与过去相比我们所遇到的问题多了，使德育的内容丰富了——道德由单一的人与政治的关系引申到了人与自然、人与环境、人与生灵等等大德大育之上；面对独生子女及教育结构的震荡我们所听到的批评多了，使德育途径宽泛了——道德由行政领导向家庭的父母、学校的班级、影视报刊及社会实践的各个场所普及；在主流价值与财富追求不择手段的公开角逐，以及贫富落差、诚信失衡面前，我们的孩子们复杂了，使德育实践更为艰巨了——道德由灌输的方式转向了人格尊重、主体张扬、心理矫正、情商康复、生存体验、校本实践、生本价值的生成等等更为多样多元的方式方法上。道德教育事实上就是道德实践，没有深入的、广泛的德育实践不可能产生真正适合中国特色的道德价值。这正是今天德育实践更为丰富、更为艰巨的价值所在。

王： 这样的现代德育观念将会推动怎样的德育工作实效变化？

吴： 这些理论指导和实践变化将使现代德育工作实效更为辩证也更为人文。改革开放以来，“德育实效低”似乎成为强调德育重要的口头禅。我认为，首先应有一个究竟以什么为评价标准的问题，也就是说跟什么来比、比什么，如与过去“高度的统一、封闭的朴实、高大全的样板、贫穷中的路不拾遗”相比，“实效”确实低了，但是反过来思考，那曾有过的“高尚”会不会就是一盆无菌温室中茂盛的花朵呢？

其次，在社会转型的过程中，我们更应该关注的是发展与变革的层次与深度，而不能用简单的高低来评判现代的德育实践，或者说还没有到评判高低的时候。

从人类精神产品的生成规律来讲，不同社会阶段有不同的道德概念标准，道德是人社会实践的产物，社会进步必然要带来道德的进步，只不过是呈现方式的着眼点不同罢了。

从现实来看，社会进步的重要标志是人的社会地位提高了，人的价值在社会发展中被逐渐地放大了，人权、人格、人的尊严得到社会的普遍认可，这是道德提升的重要标志。其次是人的主体性增强了，个性得到了普遍的张扬，人可以充分追求自我的生存价值，因而道德的自主性、主动性、多样性以及创造性取代了同一性，人的道德践行无论是高尚还是卑劣都得到了充分的展示，这种社会的真实，为道德的价值提供了更为切实的实践场。从国家及省市教育科研的规划立项选题来看，在七五规划到十五规划的科研成果中，德育的专著以及专项研究成果以倍数的趋势上升；从中小学德育实践来看，在课程改革以校为本的探究中，从新课程标准的知识与能力、过程与方法、情感态度价值观目标统筹的“三维”生本研究中，我们几乎看到校校都有呼应主旋律的地域性的针对实际解决问题的经验与特色。

上述这些变化事实上正在逐步地回归到一个根本的主题上，那就是马克思主义者所追求的最高命题“一切人的自由而全面的发展”。从“以人为本”来理解马克思所强调的“共产主义者根本不进行任何道德说教”，我们很自然就会认识到道德不是孤立的，更不是绝对的，道德是存在于人的发展的“全面”和“自由”之中，是存在于精神和物质的统一体之中，物不存在，灵魂又何在呢？从这一点出发，道德的实效必须回归到人发展的生活之中。回归到人所有的社会实践之中，而不是要从生活和实践之中再分离出来。现实中我们缺乏马克思的辩证思维，总跳不出传统的绝对化的思维方式，似乎认为只有

“德育为首”了，只有单独组建一个系列、一支队伍，多开几门课程，德育自然就加强了。实际上，革命与生产不能对立，生产力中物质和精神的动力并存；教学与德育不能分离，学科教学中处处有德育，人人都应该是、也必须是一个完整的教育者。尤其是在今日，孩子的道德养成重要，而社会与成人的道德教育更为重要，因为道德失范的病源并非在于孩子。

我想当代道德观念并非滑坡，而道德践行所产生的滑坡问题同经济、政治等等问题一样，只有在社会实践的深化改革和人全面发展的过程之中解决。当前道德教育所出现的边缘化、外在化、知识化以及成人化、运动化的综合征是回归原点的一个必然的过程，什么时候我们不单独提道德教育了，道德教育就真正有实效了。当然这是一个漫长的过程，因为“一切人的自由而全面的发展”的本身就是人类一个漫长的追求过程。

王：我记得您打过一个比方，说我们把原来属于一体的育德灵魂，从它的载体中分离了出来，组成了“精品”系列——德育，其结果就像糖精、味精不能直接食用一样，失去了本身应有的鲜活性。原本素材中的激情脱离了本体，原汁原味的感觉没有了，让人倒胃口，淡化了孩子们追求高尚的兴趣。德育工作确实就像这个味精，只有将它放回到人的全面发展的育人主菜中，才能真正发挥它的实效作用。

吴：是啊，回顾我们成长的经历，小学时候并没有单独开设过思想品德课，没有系统的劳动教材，也没有心理健康的概念，也就是说并没有把德育作为一种纯知识的教育，但并未影响我们的德育发展，这除了没有刻意去强调德育而导致偏离本道之外，也与成人自身的言传身教有关。因此，我认为要改进德育方式的第二个突围点，也可以说是回归点是“大人做给孩子看”。这是多元价值选择的开放社会尤为重要的育德方式。美德不能表演、德行不会天生，孩子的道德萌生在大人的行为与故事中。家长、教师的“言教不如身教”之所以被搁置，就是因为我们过分依赖社会教育的自然作用，停留在特定政治背景下口号运动的教育时间太久，习惯于“大人得病让孩子吃药”的表面热闹形式。

王：这一点太对了，德育本身就是“春风潜入夜，润物细无声”似的潜移默化教育，不仅不能拿出来刻意学习，还需要身边教师、家长和社会公众的榜样与无形影响，而这一点，又恰是我们的德育工作和社会环境中特别缺乏的，所以我们的好心和投入总是得不到应有回报。

吴：阅读十八届三中全会全面深化改革的决定，认真看看对教育深化改革的表述：“全面贯彻党的教育方针，坚持立德树人，加强社会主义核心价值体系教育、完善中华优秀传统文化教育，形成‘爱学习、爱劳动、爱祖国’活动的有效形式和长效机制，增强学生社会责任感、创新精神、实践能力。”不难发现这个决定全面突出的正是当代道德教育改革的目的、途径、举措和任务。其中鲜明提出的两大教育途径，一是“加强社会主义核心价值体系的教育”，这是德育之本，因为没有核心价值怎么可能组织起核心的国家队伍呢?！二是“完善中华优秀传统文化的教育”，这是德育之根，因为一个国家没有民族灵魂怎么可能挺起爱国主义的脊梁呢?！随后习主席提出的“四个全面”实际上是要求大人们脱胎换骨的改革行为。“全面深化改革”要的是社会的整体转型；“全面从严治党”要的是上梁先正；“全面依法治国”要的是法大于天的规则意识；“全面建成小康社会”则是民族振兴的国家梦想。

王：深有共鸣！这些年来，很多人不理解我为什么要从孩子研究到成人，又从教育研究到文化，就是因为，如果不了解儿童到成人持续成长的发展奥秘，就无法把握终身教育的科学规律，如果不解决整个社会文化根基与生态土壤问题，哪怕有再好的教育思想理念与实践体系，也难以有良好的空气、土壤与阳光、养分来支持这一教育体系的健康扎根生长，因此才逐步发展到“全人、全息、全面、全程、全员”的教育文化社会生态思维上来。

吴：改革德育方式还需要有第三个突围点，即“心理健康是当代德育的重要议题”。心理健康是世界性的精神疾病，我国长期稳定的、温饱的社会状态，与几代独生子女无困苦挫折的人为环境，是滋生心理不健康的主要背景，社会发展方式急速变迁以及价值多元选择的焦虑是心理不健康的主要推手。家庭结构的变化，人际关系的疏远，教育方式的滞后与儿童成长的焦虑，青年学子就业生存的压力所带来的抑郁、冲动是造成青少年心理不健康的主要诱因。因此，关注青少年的心理变化是当代德育不可回避的课题，研究青少年健康心理主动变革教育的方式方法、创新教育的途径措施是当前道德教育的重要内容，因为它直接影响社会精神世界的健康与发展。不要等他们丧失了生命、上街无端发泄时再去“维稳”，那就为时过晚了。

王：心理健康工作确实将成为中国全民教育素养提升的核心，而它的起点却在家庭，尤其是亲子关系。“家庭是人格的工厂”，而亲子关系是关乎心智模式代际传递的“命运之手”，所以浙江大学成立跨学科学术应用研究机构来开展亲子文化专项研究工作，希望能够为全面提升中国父母和孩子两代人的心理健康成长奠定亲子代际传承的核心基础，或许也是“教育回家”变革突围的原点根基所在。

吴：上述六个变革性的“突围”讲的不是道理，而是我们学校教育深化改革必须面对的六个方向性的问题。具体实施还会遇到地域地区学校本身的不同侧重，以上只是列举我所经历的几个办学实践历程中的问题，仅供读者参考。

发展：树人育林之行

“深化教育体制机制改革的主要目标是：到 2020 年，教育基础性制度体系基本建立，形成充满活力、富有效率、更加开放、有利于科学发展的教育体制机制，人民群众关心的教育热点难点问题进一步缓解，政府依法宏观管理、学校依法自主办学、社会有序参与、各方合力推进的格局更加完善，为发展具有中国特色、世界水平的现代教育提供制度支撑。”

——中共中央、国务院《关于深化教育体制机制改革的意见》

“教育是个大问题，自救的根底在于自学。有人会问为什么不信赖学院教育？天呐，现在哪个教育能让你从内心生出信念?！哪个教育在培养你勇敢的心?！哪个教育在唤醒你自由的精神?！呜呼哀哉！又有哪个学院造就了张仲景?！哪个学院创造了传世的经典?！”

——曲黎敏《生命沉思录 3》

星星之火可以燎原。星星之火何以燎原？

在辽阔的中国教育大地上，其实并不缺乏优秀卓越的办学者与从教者，吴国通校长只是其中的一个代表。如果本着开放、真诚、客观的心态走近一个个甘心情愿、乐此不疲、茹苦含辛地坚守在学校岗位上的中国教育工作者，一定能感受到他们各具特色的鲜活个性与各显神通的专业特长，当然还伴随着为学生的进步而喜、因工作的困境而忧的拳拳之心。

但为何这么大一个从教者群体客观上的辛勤付出，却撑不起中国教育发展的坚实大厦？为何这么多优秀办学者主观上的努力开创，却拖不动中国教育改革的领航之舟？为何我们的教育队伍只见星火闪烁，却难成燎原之势？为何我们的教改成果只见新苗不断，却难见蓬勃之林？这一连串的问题，或许是在问道中国教育“是什么、为什么、怎么办”之后，更需要追根究底去刨问的深度现实问题；也是在层层递进地与吴国通校长对话现代学校重建办学思想和实践之后，更令人激发想象和思考的深远理想问题。如何将吴校长似的个性办学思想和智慧，更深广地播撒到中国教育实践的大地上，以促独木成林之势？如何使吴校长般的诸多优秀教育经验火花，更持续地影响中国教育整体改革，以达星火燎原之效？

带着这样的问题和期盼，让我们举目远眺，通过从吴校长个人的办学思想实践进一步伸展到他身边与周围的教育现实视野，去探寻一下中国教育整体改革发展的现实之行与未来之路。

一、校长工作室：优质办学如何树木成林

王： 前面您说过，上述六个变革性的“突围”讲的不是道理，而是我们学校教育深化改革必须面对的六个方向性问题，但在具体实施中，还会遇到各地域地区学校本身的不同侧重。我的理解是，打个比方，现在的中国教育改革之路就像是一片有待价值重建的森林，各个学校或各个办学者便是这整片森林中的一棵棵树木，这些树木的健康生长都需要遵循基本的规律和方向，也即是最前面您提出的教育原理回家、教育动力回家、教育责任回家、教育管理回家、教育文化回家的“教育回家”之路，而其中用来培育浇灌的营养便是从学校地位、学校关系、教育评价到职业观念、教学技术、德育思维的六大变革，这样才能突围现有深化改革瓶颈，走出大众化教育现代办学的健康之路，而您通过自己五十年从教办学的亲身历程已经培育了几棵健康成长的学校价值大树，并且已经用实践证明这样的教育改革方向和突围举措是可行有效的。但是，毕竟只有一位吴校长，也只有一所北京小学与一所石室小学，如何将您的个人办学思想与实践经验进一步放大，使秀木可以成林，让星火得以燎原，这一方面，您有什么经验或感悟想要与广大办学者和决策者分享？

吴：其实“校长工作室”已经成为实践中最为典型的培训举措，它是成就校长办学思想的加压站、加油站、装备站，是校长们办学思想的研究室、办学经验的分享室。我是1980年调到宣武区任教的，1990年任香厂路小学校长，1994年任北京小学副校长主持工作、1995年任校长。你可以看出，这15年从教师到校长，是宣武区培养塑造了我的职业层次。我不会忘记，是谢嘉平副局长以“小天地大作为”为题召开了“香厂路小学办学思想研讨会”，还是谢局长以主管业务局长兼校长的过渡方式陪我走进了北京小学，并在半年后主动撤回教育局，正式任命我为北京小学校长。也正是这充分的信任和鞭策，既让我感到诚惶诚恐，同时又坚定了我办好学校的意志，宣武区就是我任校长的大工作室。

王：这么说，谢局长是您事业发展的主要助推人和成长见证者，这是个典型的“扶上马送一程”的案例，来自领导的这种鼓励和扶持想必对您后来的管理思想产生很大的榜样和激励作用。

吴：是的，所以我没有理由辜负宣武区对优化区级教育资源的期待！说到北京市的首届校长工作室，那是北京市教委委托北京教育学院为全市19个区27名中小学校长组建的办学思想研究室。三个中学研究室分别由陶西平、高玉琛、刘彭芝任导师，两个小学研究室由李烈和我领衔。入室的研究员是各区仅能推荐的1～2名的校长代表，所以个个了得。我们第五工作室有王欢（东城府学小学校长、特级教师，主持和谐教育）、陈珊（海淀五一小学校长，主持奠基教育）、王长华（密云二小校长，主持幸福教育）、田玉贞（燕山向阳小学校长，主持关怀教育）和陈丽教授（校长研修学院院长工作室的项目导师）。

王：看来校长工作室真是精英荟萃，那么您是以什么原因或带着什么项目特色进入工作室的？

吴：你知道，办学是个社会化的过程，关门、封闭不可能有真正的教育，校际之间的交流、校长之间的沟通非常必要，用三年时间以工作室的方式逐校地研究讨论，弄清每位校长办学的基本理论、基本实践、基本经验，这是北京市的创举。我之所以能入室是得益于我两位导师精心的前期培育。我到北京小学时仅有四年的校长经历，为了不辜负宣武区这个大工作室的培训，我必须去学习进修。因此，1994 年调入北京小学不久，我就考取了北京教育学院的教育管理专业去学习。我记得最清楚的是杨文荣教授上课的第一问："听说咱们班还有个 49 岁的？"这一问实际点醒了我，"你是来学习的，不是奔学历的"。从此北京小学的办学就与杨教授结下了不解之缘，他老人家不仅时时关注我的思想与实践的状态，还直接走进学校、走进教研组、走进教师，先后为北京小学的干部、教师主编了 16 本个人的教育专著。所以说他是我办学的导师，也是北京小学发展的导师。

王：以师为父，看来杨教授堪当您说过的这句话。

吴：杨教授是突出的代表。师傅、师父，以师为父是中国人价值人格的基础。校长是学校教育形象的标志，他的价值选择倾向会直接影响教师、家长及学生的价值选择。所以校长不是你个人的，而是一所学校潜在的校风。

王：您这句话表达的意思与一句名言异曲同工：一个组织的文化就是创始人的哲学。学校也一样，一所学校的办学意志、文化理念基本上就是校长的教育理念和信念追求的体现，从这个意义上说，一个校长就是一所学校。

吴：说清楚一所学校的教育是一个艰难的研究过程。我的进步还得益于我的科研导师裴娣娜教授。你知道中国教育改革的重要推动力就是高等学校的教育理论直接走向了基层。1984 ~ 1990 年宣武区的香厂路小学在张福田校长的带领下承担了北京师范大学董奇教授“培养小学生创造精神和创造才能的实践研究”课题。课题的结题报告由我主笔，这个过程促使我对教育理论有一种自然的偏好，所以很快就熟知了教育学原理大师叶澜教授、教学论大师裴娣娜教授、教育技术大师何克杭教授所主持的项目研究。尤其是连续参加裴教授“主体教育”和“基础教育创新研究”的两大全国性课题研究，彻底改变了北京小学的办学形象。所以我非常感恩裴教授，她不仅是我教育科学研究的导师，也是北京小学教师群体成长的理性导师，因为在两大课题的实施中，学校的教师分别以43个和90多个子课题的方式参与了项目研究。也正是课题研究提升了教师队伍的职业层次。我本人也正是在两位教授的亲自指导下才有了进入校长工作室的资历，才有了与校长们分享教育理论、教育科研的机会和条件。

王：您的这番回顾让我想到一句话："如果我比别人看得远，那是因为我站在巨人的肩膀上。"您已经成为德高望重的权威人士，却仍旧对一路提携支持您的前辈们如此感恩铭记，实在令人感动。我相信，那些看着您一路走来的领导专家和导师，也一定对您提出"教育回家"这样的观点和您的成长历程有很多感触和故事可讲，我想再去采访一下他们。

采访谢嘉平

谢嘉平，原北京市宣武区教委副主任、宣武区督学室主任

王：谢局长好！很高兴经由吴老师的心声故事而感知到您的领导情怀，令人尊敬。我知道吴老师居家在宣武区，在宣武区这个地方从教有30年，其中任校长有20年，他对于宣武区这个大工作室对自己教育思想的培育充满感恩之情。您作为他的直接领导，能否再给我们分享一下当时您分管这项工作时的教育管理思想与智慧。

谢： 很高兴能以这样的方式参与这个对话。谈到教育行政的管理智慧，应该说这不是我一个人的事情，而是原宣武区教育“两委”（党委、教委）一贯重视学校发展与队伍建设的结果。我们深知“没有好校长，难以办出优质学校；缺乏优秀教师，难以提高教育质量”的教育规律。因此，教育行政始终将两支队伍建设作为全区教育发展的重大课题，倾全力下大工夫培养锻炼出一批优秀校长和教师，吴国通校长就是他们之中的一位。

吴校长在宣武区任校长近 20 年，无论在哪所学校任职，他的学习精神、实干精神、创造精神、全心全意为教师成才、学生成长、学校发展服务的精神，都在老师们当中留下极好的口碑。

当年，在小到“只有半个操场”的香厂路小学，他接过前任校长“科研兴校”的管理理念，带领老师们在教育科研理论指导下，有目标、有计划地进行了较为严格、规范的教育改革，并总结出“以发展学生创造思维为目的的课堂教学特色；以活化右脑、协调左脑为目标的学科兴趣特色；以少先队创造性自主实践为表现的德育特色；以建立新型学生质量观为内容的评价特色”的办学经验。20 年过去了，这些经验现在看来也不过时。当时，教委在香厂路小学专门召开了“小天地、大作为”的办学经验研讨会，取得很好的反响。也正是在那时，“两委”看到了他善于吸收前任管理精华并创造性开展工作，能在继承的基础上加以创新的管理智慧与能力，看中了他脚踏实地做教育的工作作风，决定给予他更大的发展空间，所以1994年调他到北京小学任校长。

王：以首都“北京”命名足以表明北京小学的教育地位，我听说它是北京城区占地面积最大、建筑规模、教育设施最全面的学校。这对从胡同小学的“小天地”走出来的吴校长来说肯定是个挑战，在您看来，他当时是如何跨越这种挑战的？

谢：吴校长是一个“富有教育理想”的人。在压力面前他选择了“强大自身、提升教师、科研引路、专家辅助”的发展道路。他以49岁高龄到北京市教育学院教育管理本科进修学习，并坚持三年不懈，这足可见他对于“强大自身”所下的决心和为之付出的努力。他的善于学习不仅表现在教育科学理论的进修方面，还能积极吸收新鲜的信息和经验。宣武区曾连续为七所学校举办素质教育的特色推介活动，在每年一届的“素质教育研讨月”中，他几乎是届届最积极的参与者。他在实践中学习，又将学习到的宝贵财富用于实际，逐渐成为宣武区实施素质教育的领军人物之一。从这个意义上来说，宣武区确实是吴校长的实践、研究、形成个性化办学思想的“大工作室”。

在“强大自身”的同时，他将“人尽其才的专业导向”作为提升教师职业水平的重要管理手段。在专家指导下，他带领老师们确立了“主体性教育”研究课题，引导教师在教育科研中提升自己；同时给全校教师配置了电脑，建立了电教中心，提高教师现代教育技术的素养；为教有成效的教师出专著，将教育教学成果总结出来之后与团队共享；尤其值得借鉴的是，他还邀请各学科专家走进学校，成立了宣武区小学第一个“专家工作室”，为本校教师的专业成长创造了直接的条件。

王： 这是非常难得的大胆创新举措，既体现了吴校长实践与理论充分结合的前瞻性教育认识智慧，更展现了他善于整合优质资源来为理想所用的大胸怀能量。这让我想起近 20 年前在一次教育科研会议上所听到的预言：未来的教育家不是来自于高等学府中的理论工作者，也不是只懂得埋头苦干的实践行动者，而是能够将理论与实践充分结合的中间层从教者。这一句预言，看来在吴校长身上得到验证。

谢： 中国教育确实很需要这样的人才。正是吴校长这一系列行之有效的教育管理措施为教师们搭建了“发展平台”，使其明确了适合自己的发展位置与方向，教师中涌现出一批破格小高（小学高级教师）、中高（中学高级教师）、破格中高以及特级教师的人才。现任校长李明新、党总支书记高玉丽可以说是他们之中的代表。吴校长在北京小学任校长 15 年，一路扶持他们从“小高职称”到“破格中高职称”再到“特级教师”，直至向组织推荐他们走向了领导岗位。可以这么说，北京小学教师成长的每一步都倾注了吴校长无数的心血，学校发展的每一步都显现出吴校长的教育情怀。吴校长在北京小学任职15年，与老师们共同努力，将学校从传统意义上的“好”学校，提升到现代意义上的“特、优”学校。

王：北京小学这个跨越发展的过程，我想不仅与吴校长的领导艺术有关，还应该与整个宣武区教育的管理平台有关。在我做教育探索的这些年就有这样的一个发现，即什么样的校长就有什么样的教师队伍，而什么样的教育行政领导干部，就会培育出怎样的校长。这两者的关系，就像鱼和池塘，活跃的鱼使池塘充满生气，而健康的池塘则使更多的鱼儿鲜活畅游。吴校长的个人成就与整个宣武区的教育发展之间存在怎样的关联性？

谢：吴校长认为宣武区是他成事的“大工作室”，这个“大工作室”需要更多的人加入。为了回报宣武区的培养，他还担任了宣武区“小学校长发展导师团”中的首席导师，在20名青年校长中传播他的教育理念与办学经验，其中又直接指导、言传身教带了7名青年校长。目前，这些年轻人有的走上了市区教育部门管理工作的重要岗位，有的已成为宣武区校长队伍的中坚力量，为区域校长队伍发展起到了“育木成林”的作用。吴校长是一个具有丰富办学经历与教育经验并懂得教育规律的普通教育者，但又是一个为了理想不懈追求、踏实践行、认真按规律办学，绝不随波逐流，也不妄自标新立异的清醒办学者。愿中国这样的校长越来越多！

王：您这句话总结非常准确，在当代浮躁的社会背景下，“清醒的办学者”确实是一个很高的理性赞誉，这也就是为什么我被他的人格和思想打动而来做这个对话的驱动所在。非常感谢您能接受采访，在此为大家分享您的智慧。

谢：别客气。我知道他是如何走过来的，更知道他的为人与教育风格，所以我也很期待你们这本《教育回家》的著作。

采访杨文荣

杨文荣，北京教育学院资深教授、北京基础教育改革导师

王：杨教授您好，在与吴老师采访对话的过程中，屡次听他提到对您的恩师之情，他还特别向我分享过您曾用“大树底下不长草”来提醒过他的办学，这对他影响很大。您作为北京教育学院的资深教授，我相信您培育了不少像吴老师这样的优秀校长，非常希望能请您进一步分享一下在培育校长方面的智慧和感悟。

杨：谢谢王老师以“问道”的方式与吴校长合著这本基础教育办学价值重建之路的新书。何为“教育回家”？我从叶澜教授在纪念教育体制改革三十年论坛①上的发言，可以找到答案。她说

---

① 2015 年 5 月 27 日是中共中央颁布《关于教育体制改革的决定》三十周年纪念日。中国教育学会、中国高等教育学会、华东师范大学联合在上海举办“纪念《中共中央关于教育体制改革的决定》颁布三十周年大型论坛（1985. 5 – 2015. 5）”。

"教育体制改革30年，名和利使中国教育怪象丛生。有三种表现，一是争名夺利、喧嚣常态化；二是急功近利、行为短期化；三是盗名窃利、手段卑劣化。我们今天面临的不仅是没有完成的任务，还有如何消灭这些怪象，让教育回归其本质"。"让教育回归其本质"，我理解就是"教育回家"的深刻内涵和现代办学价值重建的思路。

王： 是的，这个"家"指的正是教育的本质、本原之基本原理。

杨： 吴校长是我教过的学生，二十多年来我一直关注和研究他的办学思想及办学成功之路。你知道经过北京教育学院培训或推介过的中小学校长可以说是数不胜数，长期观察他们的办学实践，我认为从学识和人格上可以概括出成功校长们的四个突出特点：一是具有政治家的嗅觉；二是具有哲学家的头脑；三是具有教育家的思想；四是具有实干家的作风。

王： 您这个总结概括得非常精辟，能否结合校长办学的实际具体谈谈这各方面的特质？

杨： 首先来说说"政治家的嗅觉"。教育是培养人的活动，为谁培养人？这不仅是个教育问题，也是个政治问题。近代的教育大家几乎都是从国家民族兴亡的大计上来思考教育的改革，所以校长办学首先要学会从政治战略上思考教育问题。吴校长在本书自序中说"为了基本正确，不误人子弟就要掌握教育概念的时代变迁，就要知道国家的教育意志"，我想按照国家的意志办学，这是校长办学的首要任务。校长的政治嗅觉灵敏了，善于从错综复杂的现象中发现事物的本质，才能分清大是大非，坚定理论自信、道路自信和制度自信，才能坚持教育的社会主义方向。

王：是，教育有它自身的育人目标，但确实要认清它对于适应社会和引导时代的办学价值导向，与国家意志相协调统一，否则反而容易导致南辕北辙的纷争与斥力，最后受害的还是孩子。这不是简单的对国家意志盲目服从，而是明确方向、协调发展的努力，这也就是我们写这本对话录的目的所在，希望能够在最大程度上获得“教育”与“政治”的合力共识，以促进价值共建。

杨：再来说说“哲学家的头脑”。你知道哲学是关于世界观、价值观、方法论的学说。哲学头脑，就是善于运用哲学观点和哲学思维去分析问题和解决问题。我认为《教育回家》一书充满了哲学思想，尤其是坚持了过程哲学、价值哲学、辩证思维等观点更为突出。

以过程哲学为例，吴校长在自序中说“为什么？是什么？这是校长办学必须要回答与解决的两个过程性的问题”。这里的“过程性”既强调了过程哲学观，又强调了过程哲学方法论。关于过程哲学，应从三个方面去解读。（1）什么是过程？恩格斯说“一个伟大而基本的思想，即认为世界不是一成不变的事物集合体，而是过程的集合体……”① 毛泽东说“矛盾即是运动，即是事物，即是过程，也即是思想”②，我认为过程是事物存在的基本形态和发展的必然联系。教育回家和价值重建本身都是十分复杂的过程。(2) 什么是过程转化？任何过程都有过程转化的特点。哲学上称为过程转化规律。恩格斯说“自然中的一切运动都可以归结为一种形式向另一种形式不断转化的过程”③，本书第五章所提出的“六项变革”就是哲学过程转化的最好例证。(3) 什么是过程哲学的方法？在哲学方法论的指导下，过程哲学更强调动态过程的分析。从吴校长与你的对话中可以看出，他办学过程的突出特点就是从不停留在静态的概念或结构的状态上，而是时时着眼于现实存在的各种关系的矛盾运动，着力解决人与教育、人与社会、人与人的发展变化，从而不断提升办学价值回家的目的。

王：经您引经据典的分析，我意识到从“教育问道”到“教育回家”实际上就是个哲学思辨的过程。可以说正是校长的哲学思维方式奠定了校长办学的理论基础，同时也决定了校长办学的

---

① 马克思、恩格斯：《马克思恩格斯选集（第四卷）》，中央编译局译，人民出版社 1995 年版，第 239 页。

② 毛泽东：《毛泽东选集（第一卷）》，人民出版社 1991 年版，第 319 页。

③ 马克思、恩格斯：《马克思恩格斯选集（第四卷）》，中央编译局译，人民出版社 1995 年版，第 241 页。

实践深度。

杨：应该说哲学是校长办好学校、形成教育家思想的重要理性基础。具体说到教育家的思想是指教育者对教育现象、教育规律、教育问题的认识与实践。我从1994年吴校长上大学开始就走进了他的办学实践，直至2012年（比他还晚两年）才离开北京小学，可以说是见证了他以人为核心的、实施主体性学校管理的效益。他将主体性教育的理论与学校管理实践紧密结合，创造性地提出“群体性主体实践”，强调自我教育、自我管理、自我超越，使发展主体性的实践研究与马克思人学思想相结合，改革学校一些陈旧的规章制度，提升了教工自我发展的自主自信内涵品质。北京小学人人积极主动、个个和谐向上的氛围就是在主体性思想指导下形成的。《教育回家》是在梳理了吴校长从教半个世纪以来所积累的教育实践经验，批判功利主义还原教育本来面貌的过程中提炼了他独特而较为系统的教育思想。

王：吴校长一直在强调“思想的力量”，我想他是深切感悟到这种教育家的思想情怀给他带来的强大动力的。

杨：是的。还必须要有的就是“实干家的作风”。教育是做出来的实践，不是说出来的道理。校长扎扎实实、具体深入的工作作风是办好学校的保证。2004年在宣武区为吴校长召开的办学思想研讨会上，我曾以“一个成功的校长办了一所成功的学校”

为题点评过他的工作作风。随着进一步的观察与了解，我逐步总结出他在北京小学工作期间的八条经验：(1) 以正确的理论为引领；(2) 以人的发展为核心；(3) 以优质优越为目标；(4) 以教育科研为手段；(5) 以主体教育为品牌；(6) 以队伍建设为支柱；(7) 以传统文化为魂魄；(8) 以学科专家的业务引领为保障。而这些工作是在吴校长领导下，由全体干部和教师、职工共同完成的。也正是这种从上至下的实干精神使北京小学成为教育系统的优质学校。

王：您对校长们的办学真是了如指掌，怪不得吴校长对您崇敬有加。您所概括的成功办学这四个特质，我理解应该是政治上的方向决定成败趋势，哲学上的思辨决定内涵深度，思想上的规律认知决定价值层次；作风上的实干精神决定办学效益，四个方面的有机联系构建了一个校长办学的成功体系。这也是您多年来研究校长、培训校长带给我们大家的智慧，非常感谢您的分享。

采访裴娣娜

裴娣娜，北京师范大学博士生导师、国家级教育科研主持人

王：裴教授您好！对于您的大名，我作为一名教育研究者并不陌生，但经过与吴校长的交流对话，我才感受到一名真正的教育

学者对办学者的专业影响力有多大、思想印刻有多深。多年来从中央到地方的立项课题不计其数，但能够真正落地的课题并不多，吴老师认为您的课题不仅帮助学校彻底改变了办学形象，同时也大大提高了教师的专业能力，这是否与“主体性教育”的根本内涵价值有关？或者说，主体性教育是否恰是关乎学生主动学习、教师专业发展、校长自主办学的永恒命题？

裴：非常感兴趣你与吴校长合著的这本《教育回家》的新书。也谢谢你对主体教育实验研究的关注。人是教育的出发点，人的价值是教育的最高价值，因而培育和完善人的主体性，使之发挥时代需要的社会历史活动的主体价值作用，这是教育的根本目的。主体教育正是从哲学层面解决人的构成问题，以全面构建人的良好素质的教育。主体教育关于尊重学生主体性的思想，关于促进学生个性自由充分发展的思想，促进学校现代化建设发展的思想，使我国基础教育有了一个高的目标定位。其价值在于为我国基础教育现代化发展提供新的教育价值观念，提供一种新的理论框架，以及促进青少年儿童生动活泼主动发展的基本途径。这项实验因其选题立论高、理论构思完善、实验研究方法较合理、实验研究范围广以及研究队伍实力强而受到国内教育界的广泛关注。

王：以我经验拙见，主体教育对于现代办学发展的重大价值作用有深切共鸣。我在《打造孩子一生幸福的幼儿教育》这本课程专著中用了一小节来简述人的主体性发展与社会现代化进程、个体快乐体验及潜能实现之间的关系，提出只有当课程目标与孩子的主体性需求相一致时，才能使外在教育影响顺利转化为儿童的主体性发展成效。吴校长之所以对参与您主持的主体教育课题如此感怀强烈铭记深刻，我想不仅是对您的课题理论指导本身的学习，更是他自己以及整个教师团队主体性被激发调动的内在感悟。听他说您自 1992 年起就组织领导了全国的主体教育的实验研究，是全国教育科学九五规划的国家级重点课题，课题项目的规模不仅涵盖了大学、科研院所及地方教研部门，还有 200 多所中小学的积极参与，可见您领衔主体教育思想的魅力与凝聚力。

裴：吴校长和他所带领的北京小学是在 1995 年进入主体教育的课题组，我要强调的是两点，一是主体教育项目研究激发了中小学校教育家型校长的气质。吴校长不仅有崇高的理想追求，敢于突破考试文化的制约，先行一步勇于改革的精神和敏锐的学术意识，而且有较强的战略性决策力和执行力。他的独特之处是不搞实验田而是全员参入课题研究。为提升教师的理性认识，他不仅亲自带着教师学习教育理论，还邀请专家教授们一次次进校培训教师；为深入课题的实践研究，组织教师结合自己的学科业务以子课题的方式人人申报了项目研究。并非常系统地随时发布课题的理论依据、子课题的论证、课题阶段成果的报告，先后整理八本课题研究的系列专辑。正是这种把理论与实践、科研与教研、职业与专业高度融合的实验研究重塑了北京小学的教师队伍，使北京小学在教育改革的实践中生成了自我发展的增长点，构建了富有自己个性特色的办学体系。

王：“教师的质量就是学校教育的质量”，吴校长认为是您连续两轮的主体教育课题研究造就了北京小学的科研队伍，所以他认定您是他的科研导师，同时也是北京小学教师队伍建设的科研导师。

裴：吴校长也为国家重点课题研究的出色推进作出了杰出贡献，这是我想强调的第二点。在他带领下，北京小学将主体教育理念转化为学校育人模式、制度与管理的创新，不断有新思路和新举措，短短几年中他们承办了两次全国性的学术研讨会，在课题200多个项目校中起到了示范引领作用以及在更大范围内的辐射作用。主体教育每一步的推进都是理论工作者和实践工作者的共同创作，作为高校教师，我们更重要的是要读懂像吴国通这样的教育家型校长的变革性实践。

王：非常感谢您对吴校长这样的实践教育家的“读懂”和对于我们这本对话录的支持。我想，这也正是您身体力行“主体教育”思想的魅力所在。您开展这项课题研究已经超过20年之久，以我对于主体教育的价值理解，它应该在今后的中国教育整体改革中不断地被深化，影响力也会不断扩大，这恰是中国教育现代化价值重建的基础，更是中国广大师生和家长、管理者的福音，期待这样的美好理念实现。

二、西部办学行：优势资源如何嫁接移植

王：吴校长，通过对以上几位专家领导的采访对话，我相信许多读者与我一样，都能从中感受到您个人作为优秀校长的成长历程，它既是校长个人的理想情怀和实践努力结果，也离不开从教育行政管理到教育科研培训这些生态环境的支持。当然，前面所提到的这一切都在北京首都发生，这里积聚了全国资源政策优势，有这样的环境获得这样的成就似乎也不足为怪。正如您所说的，中国地域辽阔学校众多，各地发展不均差异巨大，尤其是西部地区，更是需要特殊关照，如何将各地资源进行优势整合移植以达教育的公平共享发展，这是当前中国教育改革面临的另一重大问题。听说您是从北京去西部合作办小学的第一人，当时是怎样的驱动让您做出这样的行动选择？请给我们介绍一下您的西部办学之行。

吴：公办学校跨区域、跨省市合作办学，从教育行政管理上是没有先例的，我和北京四中的邱济隆校长之所以能够走到西部合作办学，是得益于陶西平主任的整体改革思想和贵阳教育人的执著精神。你知道我是“中小学整体改革专业委员会”的主要成

员，这个学术组织1988年成立时的命名，就是源于陶西平任北京市教育局长时提出的“教育改革要整体优化”的思想。整体改革专委会由当年吕敏老师发起，并逐步成为聚合全国热心整体改革教育人的共同体。贵阳原人大副主任张朝湘是这个共同体元老级的组织者，她对整体改革、对教育优质均衡的期盼比任何人都更为迫切，所以在她不断的“走出去、请进来”的感召下，1999年，北京四中、北京小学在贵阳市政府的支持下签署了合作办学的约定。记得当时贵阳市唐副市长亲自送二十几名贵阳教师上火车来北京参加培训，其重视程度确实令人感动。如今贵阳参加整体改革学术活动以及与全国各地优质教育资源的密切合作仍是最有成效的地区。

王：呵，当时北京你们两所最有影响力的中小学没有到利益颇丰的沿海去合作办学而是走向了西部，原来是“整体改革”这个理想聚合了各方的教育情结，这更勾起了我对于当时如何促成这件事的好奇心，我想再去采访一下陶老和张主任，请他们还原一下当时促成您到贵阳合作办学的来龙去脉，以及在这件事背后的他们的卓见与智慧。

采访陶西平

陶西平，联合国科教文组织协会世界联合会副主席

王：陶老您好！我在多个论坛场合听过您的报告，尤其是只要一提

民办教育，就会与您的名字联系在一起，倍感亲民和令人崇敬。没想到这个整体改革专委会组织和吴国通老师的贵阳合作办学之事都与您有深切关联，吴老师还说从指导办学来说，您无论在宏观还是微观层面都是教育整体改革不可动摇的精神领袖，为此他很庆幸自己多年来的办学和多年来的学术活动都没有离开您的指导，所以特别期待分享您引领教育深化改革的感悟与卓识。

陶：义务教育在13亿人口的中国的全面普及，是令世人瞩目的伟大成就，为我国基础教育总体水平的提高创造了先决条件。进一步提高我国基础教育水平，当前最重要的任务是一方面推进教育公平，促进义务教育均衡发展；另一方面是提高教育质量，全面推进素质教育。

基础教育的理念和实践不能偏离基础教育的本位价值，不能脱离基础教育的基础性，因为实践方向的迷失实际反映了价值取向的迷失。因此，基础教育的任务是什么，基础教育究竟主要打好什么基础的问题又再一次提到我们探讨的日程上来。

王：这确实是一个至关重要的问题。我想很多人可能对基础教育的"基础"之意并没有确切深刻理解，请您具体指点。

陶：首先，基础教育必须为孩子切实打好基础。1977年，联合国教科文组织在内罗毕召开的高级教育计划官员讨论会上，经过广泛而深入的讨论，认为"基础教育是向每个人提供并为一切人所共有的最低限度的知识、观点、社会准则和经验”的教育。“它的目的是使每一个人能够发挥自己的潜力、创造性和批判精神，以实现自己的抱负和获得幸福，并成为一个有益的公民和生产者，对所属的社会发展贡献力量”。

有些地区存在一种现象，不断向基础教育提出新的要求，增加新的任务，增添新的教育内容。邓小平同志提出“计算机要从娃娃抓起”，这是因为它将成为人们获取信息、处理信息的重要工具。但，现在越来越多的事情都随意地提出“要从娃娃抓起”，各单位、各部门都提出他们所负责的工作应当“进校园”，许多单位和部门还要求将相关内容设为课程，编写专门教材或者编入现行教材，结果基础教育的内容不断拓展，教育活动不断增加，目的可能是希望为孩子打好更加宽泛的基础，结果中小学教育反倒难以真正打好应该打好的基础。《中华人民共和国义务教育法》规定：“教科书根据国家教育方针和课程标准编写，内容力求精简，精选必备的基础知识、基本技能，经济实用，保证质量。”这里突出了“精简”和“精选”，强调了“基础”和“基本”，反映了对基础教育任务的明确规定和清醒认识。

王：是的，多年来基础教育不堪重负，或许就与这种无界限的或无规划的任务盲目添加有关，教育需要为基础“减肥”。

陶：基础教育需要回到素质教育的本质上来。

从提高民族素质角度看，少年儿童一代的整体素质决定未来民族的素质，而民族素质决定未来国家的前途命运，我们给未来留下了什么样的孩子，也就给孩子留下了什么样的未来。而基础教育就是承担着为未来留下什么样的孩子的责任。从人的发展角度看，基础教育是人的社会化进程的初始阶段，基础教育阶段人所形成的健全的体格和人格对于未来发展有着重要影响；基础教育又是终身学习各个层级的初始层级，基础教育阶段人所形成的学习习惯和学习能力对一生的继续学习和发展有着重要的作用，所以，基础教育又是民生工程的重要基础。

1996年国际21世纪教育委员会提出教育的四大支柱——学会认知、学会做事、学会生存、学会共处，这一教育目标，至今有着重要的指导意义。我国义务教育法规定："义务教育必须贯彻国家的教育方针，实施素质教育，提高教育质量，使适龄儿童、少年在品德、智力、体质等方面全面发展，为培养有理想、有道德、有文化、有纪律的社会主义建设者和接班人奠定基础。"这里已经明确规定：品德、智力、体质是基础教育应当为学生奠定的最重要的基础。

王：按您这样解读，基础教育承担着未来整个民族的发展素质、人的个体发展素质以及现代整个民生工程、整个学校教育阶段的多方面素质基础工作。

陶：我们需要始终站在这一高度认识基础教育的重要性，并从这一高度来认识基础教育必须打好的基础。爱因斯坦说过："如果人们已经忘记了他们在学校里所学的一切，剩下的就是教育。"人能够剩下的就是已经内化了的素质，首先就是品德、智力和体质。

联合国教科文组织在制定全球普通教育质量诊断分析和监测框架时，在概念性文件里指出：增加入学机会方面所取得的巨大成功并未带来教育质量和教育针对性的提高，对于发展中国家尤其如此。大多数发展中国家正面临教育质量危机。同样，大部分发达国家也没有为所有学习者提供有质量的教育。

因此，要防止将基础教育功利化，以应对升学、早期智力开发等作为主要目标，导致忽视奠定所有学生全面发展的基础，造成学生的品德形成、能力培养、身心发展、习惯养成等受到削弱，影响民族素质的提高和个人的健康成长。

从这个意义上讲，吴国通同志提出"教育回家"，从理论和实践结合的角度探讨如何重建基础教育的价值之路，并且取得了在发达地区和欠发达地区的教育实效，不仅有着重要的现实意义，也有着深刻的理论意义。

王：谢谢陶老给我们做了如此高屋建瓴、上下融通的基础教育内涵解读，从您的分享中，我感受到了您当初促成吴校长去西部办学的指导思想与支持力量。接下来我再对贵阳教育的张主任做个采访，听听她是如何理解和贯彻您的这些教育思想和智慧的。

采访张朝湘

张朝湘，贵阳市人大原副主任，整体改革专业委员会顾问

王：张主任您好！我知道中小学整改专委会经常用“事业与友谊”来概括你们之间的联系，吴校长说您是贵阳教育的第一热心人，正是您的努力搭起了贵阳与北京教育同仁的联系，所以必须听听您在整合优质教育资源过程中的智慧。

张：好的，贵阳的教育改革非常感谢陶主任的指导、感谢整改专委会的学术引领、感谢吴校长合作办学的发展效益。我曾任贵阳市教委主任，1995 年首次与中小学整体改革专业委员会的接触，就是请秘书长吕敏、天津河西区教委主任文锦荣、北京小学校长吴国通为全市教育系统的干部和教师介绍教育改革的经验。后来尽管调任市人大副主任，但因主管教育留下的情结又见证了北京与贵阳合作办学的全过程。

王：这个合作办学之事是如何生发并促成的？

张：事实上改革开放之后有两件事对我触动最深，一是邓小平针对中国东中西部发展不平衡的特点提出“两个大局”战略构想；二是陶西平先生提出“教育改革要整体优化”的思想。为改变西部欠开发、欠发达的状态，我们在理性上是选择了与教育学术组织密切联系，于 1996 年 1 月成立了中小学整体改革专业委员会的贵阳分支机构，采取“走出去学习、请进来促进”的

方式承办起多次全国性的学术观摩交流大会，从而开阔了贵阳教育发展的视野。在实践上致力于寻求与国内优质教育资源的合作办学，其中最值得我们记忆的就是与北京四中、北京小学于1999年的合作办学。应该说这是在党中央实施西部大开发战略决策的指导下，京、筑两地教育界探索教育体制深层次改革的一次开创性的成果。贵阳中天北京四中、北京小学的成立，凝聚着贵阳市教委和广大教育工作者的多年愿望，拓展与深化了贵阳教育体制改革的思路，对创新办学模式、提高教育质量、促进教育思想的现代化都具有着深远的意义。贵阳中天北京小学的校园建筑、办学思想、队伍建设由北京小学吴校长全面负责，使首都的优质教育在贵阳中天北京小学生根发芽，并辐射影响到贵州乃至西部。如果说“希望工程”是对西部教育“量”的一种补救，那么北京小学则是对西部教育“质”的一个示范性的引领。

王：您的总结令我很受触动，这些年在做教育公益研究的过程中也曾经考虑过希望小学的问题，深感不仅教育公益不仅需要校舍硬件的“量”的规模扩展，更需要办学软件的“质”的内涵支持，而这方面，你们和吴校长的合作早就开了这样的先河。

张：吴校长的突出贡献在于，不是孤立地办所学校，而是以直通车的方式将贵阳与北京的教育紧密地联系起来。贵阳中天北京小学分校则成为贵阳各区县分享北京教育专家学者的教育行政、督学、教科研成果的集散地；而首都的北京小学则成为贵阳校长、教师培训的“办事处”，在北京宣武区教委的热情安排下，贵阳云岩区、南明区、乌当区及清镇市的中青年后备干部、教师先后有上百人到北京挂职学习，加速了贵阳干部教师的成长速度，扩大了优质教育的覆盖面。以贵阳中天北京小学为例，已从成立之初的320名学生发展到今天的2000多名学生，并领办了清镇市第一实验小学、观山湖区中天北京小学、南明区中天未来方舟小学、仁怀县周林学校等，已然成为贵阳市基础教育向省内外展示先进教育教学思想和经验的“窗口学校”。

王：只要用心耕耘，必有可喜收获。从与吴校长的对话交流中，我也时时处处感受到他这种栽下一棵树、浇灌一片林的可持续发展思想。他的这一合作办学还给整个贵阳教育带来了什么样的可持续发展价值？

张：前有领路者，后有跟进人。正是吴校长以高尚的教育情怀率先走到西部的贵阳办学，提速了我们贵阳教育发展的步伐。目前，贵阳中小学整体改革专业委员会的理事单位、会员学校有100多个，覆盖了城乡的中小学及幼儿园，这些单位在区域内发挥了学术的示范引领作用，极大地促进了全市教育的均衡、和谐与可持续发展。我们贵阳市能先后成功举办全国整改委第五次实验基地会、第十四届学术年会、第二次理事单位专题会议，探索的学术题目从“有效课堂”到“有效学校”，再到

“素质教育的基层探索”，能够不失时机地直面全国的专家、学者和教育同仁，展示贵阳的教育典型经验和长足发展，实事求是来讲还是应该感恩陶主任的指导和吴校长的引领。

王： 2015 年 4 月份在贵阳召开的第二次理事单位专题会议，让我已经充分感受到了贵阳教育的这种强大的号召力与执行力，真是呈现出一片蓬勃发展的生机。我想，外因条件还须内因主导，吴校长之所以能够在贵阳做成了事业，是因为贵阳教育人有像您一样的谦虚诚恳、勇于创新的精神所获得的必然回报。尤其是那次听了贵州大学郑强校长的演讲，更加令人对贵阳这样的西部地区办出优质教育的理想充满令人澎湃的期待。感谢张主任的介绍。

三、整改专委会：优质教育如何全面带动

王： 吴校长，您的西部办学行始于贵阳，却并不止于贵阳。事实上，我真正开始接触您的教育思想并留下深刻印象，恰是 2014 年 11 月在成都成华区举办的中国教育学会中小学整体改革专业委会员第十七届学术年会，正是那一次在石室小学的亲眼所见，以及在这次以“深化教育领域综合改革、推进教育现代化发展——成都市成华区教育现代化进程的实践”为题的年会上，我既从一个学校的具体办学层面，又从中小学整体改革全

局层面深切领悟到您的西部办学的星火燎原思想与行动力量，而这种感悟与我几年前在拙著《中国教育问道》中提出和倡导的0～18岁教育一体化改革的想法正好发生共鸣，其中最重要的便是中小学基础教育核心部分的整体化改革思路，所以自从参加到这个整改专委会组织中，就像找到了教育理想落地的家园一样，终于有了可以联合力量去行动落实的组织。我想请您站在中小学整体改革专业委会员这个组织的视角上，来承前启后地谈谈您是如何与成都成华区教育结缘，同时又是如何以点带面地去推进这种优质教育资源的共享互动的。

吴：首先我要强调四川是中国文化资源最丰富的省份，而成都又是中国教育改革最活跃的地区。我与成华区的教育结缘最早始于1995年裴娣娜教授的主体教育课题研究，我们同是子课题成员学校，多次在主体教育专题会上研讨交流，彼此相知相识。2010年应邀来成华区协助石室小学办学是有前因基础的。成华区还是中国教育学会和谐发展的实验区，而我2012年又开始任中小学整改专委会的秘书长，从沟通教育的信息资源到邀请参加地域地区的专题会议，逐步地与成华的教育同仁们达成了整体改革的发展共识，所以2014年就自然有了搭设展示平台召开全国学术年会的结果。

王：星星之火可以燎原，条条大道皆通罗马。从您上面的介绍中，我感受到了以一个人影响一群人，以一件事影响一片局面，以一方地域带动一个整体的星火燎原之势，这种星火之种如何在当地点燃并蓬勃发展？或许我们还需要听一听当地相关教育领导干部的亲历感言。

吴：中小学整体改革专业委员会从1988年开始成立，在各届专家、领导和广大会员支持下，已经走过了伴随中国教育改革历程的27年，做出了不少成绩。但我认为最可圈可点的是傅国亮任理事长的这两年，他担任过教育部基础教育司的副司长，又担任《人民教育》杂志总编，对国家意志的把握十分准确到位，使我们的学术活动层次得到大幅度提升，尤其是对教育现代化目标和素质教育战略主题的把握使整改委举办的活动获得更高的声誉！而且，这两年我任秘书长也感受到与他是“最无障碍的合作”，因此，关于中小学整改专委会的话题，我建议先采访一下傅国亮理事长，听听他高屋建瓴的介绍。

采访傅国亮

傅国亮，原教育部基础教育副司长、《人民教育》总编，

中小学整体改革委员会理事长

王：傅老师，在您任中小学整改委理事长的这两年，也是我与吴老师相识、与整改委结缘的时间桥梁，这种相遇结缘，对我本身的教育探索人生而言，也是一种“回家”的感觉。所以，您作

为中小学整体改革专业委员会这一届的“家长”，在过去的这几年内有什么样的感悟与大家分享？您认为整改委这个组织在中国教育整体改革中应该或可以起到怎样的作用？

傅：与吴国通校长在中小学整体改革专业委员会共事，是一种缘分。2012 年下半年有一天，我乘高铁从外地回京，吴校长中途从石家庄上车恰好坐在我附近。聊天中，我说到我 6 月已经退休，因为新的《人民教育》总编辑尚未任命，杂志上“总编辑”一栏暂时仍用我的名字，外界误以为我还在岗。言者无意，听者有心，事后不久，因中小学整体改革专业委员会当年要换届，吴校长举荐我担任中小学整体改革专业委员会理事长。

王：缘分总在不经意间发生。

傅：2012 年 12 月在北京举行的中小学整体改革专业委员会换届大会上，我当选为新一届理事长。事先我思考过，作为研究“中小学整体改革”的学术团体的发展方向。因此，当选以后，我在大会上发表了“我们因信仰而同行”的讲话。我说，我有一个“悖论”：中国缺还是不缺校长？一方面，中国有近六十万中小学校长，可谓世界之最，应当说不缺校长。但是，另一方面，我说“又缺校长”，缺少具有教育信仰和教育理想的中小学校长！温家宝曾经说过如此令人震撼的话：一个民族，既要有脚踏实地的人，还要有仰望星空的人！我理解，所谓“仰望星空的人”，就是一个民族的思想领袖和精神楷模。我们中小学整改委的校长都应当是教育界仰望星空的人，都应当是有灵魂的教育人！我坚信，在当下“应试教育”的困扰和诱惑中，你们一定是“舍生取义”的人，“舍”身上之名利，“取”教育之真义的智者、仁者、勇者。与你们同行，是中国未来基础教育的希望。

王： 像整改专委会这样的学术团体组织，应该为这样的仰望星空教育理想信仰作出什么样的贡献？什么才是您接任这一届理事长最想要去落实推进的目标？

傅： 我接任新一届理事长，深感责任重大，不敢懈怠。我开始在这个学术团体里宣传我的教育主张和信仰，几乎逢会必讲。我反复强调：工作要有方向感，《国家中长期教育改革和发展规划纲要（2010 - 2020 年）》提出的“基本实现教育现代化”这个战略目标和“坚持以人为本，全面实施素质教育”这个战略主题是国家意志，既是教育工作的方向，又是学术研究的方向。在 2013 年 10 月专委会年会上，我明确提出：作为中小学整体改革专业委员会，应该进一步秉持本会“整体改革”的主旨，在“基本实现教育现代化”这个战略目标和“坚持以人为本，全面实施素质教育”这个战略主题上，开展“整体改革”的学术研究活动，为中国基础教育方向性的改革创新，作出我们“整体改革专委会”应有的贡献！

王： 这也是吴校长对您为这个组织提升学术水平、指引研究方向的高度评价，我恰好赶上了这个时间点进来，很庆幸。

傅： 作为新一届整改委的主要负责人，我和吴国通秘书长很快在今后学术研究的方向上达成共识。当年我认为，基本实现教育现代化，有目标，无指标。国家首次为"基本实现教育现代化"制定了时间表，确定为 2010 年到 2020 年 10 年战略目标。但是，战略目标，缺乏战略部署。基本实现教育现代化，有时间表，缺少路线图。我理解，到 2020 年评估《国家中长期教育改革和发展规划纲要（2010－2020 年）》是否完成，最主要的应当是评估"战略目标"是否实现。如果只报告局部目标如"减负""择校"完成得如何，而不回答"战略目标"是否实现，10 年纲要将面临十分尴尬的处境。同样，在中国基础教育发展的现实环境中，"坚持以人为本，全面实施素质教育"这个"战略主题"没有战略地位，缺少战略部署。它被忽视，甚至被漠视。这种现象反倒成为一个"方向性"的大问题。

王： 怪不得吴校长说他与您这两年是"最无障碍的合作"，你们俩都是善于理解国家意志、把握战略方向的中国教改高手。

傅： 吴校长长期从事教育实践工作，具有丰富的教育管理经验。但是，他又是一位喜欢读书、具有理论功底的人。因此，他对于"方向性""战略性"的国家决策，"心有灵犀一点通"。2013 年他当时在四川成都市成华区办学，他主动与成华区教育局长联系，探讨教育发展的走向，达成共识，合作开展“区域基本实现教育现代化的实践研究”。2014 年 10 月，我们中小学整体改革专业委员会在成都成华区成功举办年会，主题是：深化教育领域综合改革，推进教育现代化发展——成都市成华区教育现代化进程的实践研讨。实际上，是以成都市成华区为“文本”，以小见大，研讨区域推进教育现代化的实施策略和基本实现教育现代化的战略。年会请教育部国家总督学顾问陶西平作了“教育现代化的核心是人的现代化”主题报告，请教育部政策法规司司长孙霄兵作了“教育治理体系和治理能力现代化”的专题报告。请中国教育科学研究院副院长曾天山作了“基本实现教育现代化的指标体系研究”的专题报告。2015 年初，袁贵仁部长在“2015 年全国教育工作会议”上，首次提出“为基本实现教育现代化而奋斗”。

王：成都会议的学术氛围和盛况实效，我已经感受到了。当时我就通过微信发给从事教育的朋友们分享。其实，体制外教育领域有自己的话语和展现方式，但他们中许多人并不了解体制内教育的专业性，中小学整体改革专委会的学术活动是可以树立榜样示范作用的。

傅：两年多来，我和吴校长一手抓“目标”（战略目标），一手抓“主题”（战略主题），“两个战略”一起抓，引领“整体改革”的学术研究方向。2014 年 4 月，我们在西安召开第一次理事单位学术专题研讨会，主题是：战略主题的再认识，素质教育的再实践——基础教育人才培养模式的再研究。在开幕词中，关于素质教育，我讲了一个个性化的见解。我认为：素质教育就是给予学生终生受益的素质的教育。素质教育，它的意义和价值就是在于给予学生的是终生受益的素质，而不是一时受益的东西。什么是影响学生一生的素质？我认为，最基本的是两个素质，一个是思想素质，另一个是思维素质。前者是做人的基础，后者是做事的基础。思想素质，是人格、价值观，这是做人的基础；思维素质，是科学的思维方式，是做事的基础，其中也包括是创新意识和创新精神的基础。从某种意义上说，人最根本的就是他的思维方式。

王：中国素质教育的旗帜举了那么多年，可事实上很多人并不真正了解素质教育的内涵与外延，确实需要做这样的深化认识和梳理。

傅：会上，我提出开启长期的素质教育的再认识、再实践的重大课题项目研究，引领基础教育改革与发展的方向。拟设立5个素质教育重大课题项目组：（1）素质教育理论再研究项目组，（2）素质教育根本任务立德树人研究项目组，（3）素质教育核心任务提高教育质量研究项目组，（4）素质教育政策重点建设高素质教师队伍研究项目组，（5）素质教育实施关键评价机制研究项目组。每个项目组，还要分解为若干子项目。这是我们对“战略主题”的探讨。我相信，只要我们认清并坚守正确的方向，我们必将赢得中国基础教育的未来！

王：我要感谢您提出这样的主题并做了这样的讨论设计，当时我参加了素质教育理论再研究项目组的讨论，正是因为在那里的思考发言和讨论，才促使我写了《素质教育基本理论的深化认知与整体探索》一文，对于素质教育的问题做了整体的思考与梳理。可见，提出有战略意义的主题可以激发更有价值的思考与分享。

傅：会后，吴校长组织中小学整体改革专业委员会学术委员会主任王建宗着手编辑5个素质教育重大课题项目的文献资料，组织理事单位申报5个素质教育重大课题项目研究组。前面说过吴校长是喜欢读书的人，他从自己阅读的《马克思的人学思想》《学会生存》《爱弥儿》等经典著作摘编了大量有关论述。最终吴校长主持编辑成了《思想的力量——“素质教育再认识、再实践”项目研究理性专辑》一书，并印制成书，在中小学整体改革专业委员会第二次理事单位学术专题研讨会上发给5个素质教育重大课题项目研究组全体成员。《思想的力量》一书，是当前开展素质教育研究的一本颇有价值的、比较系统的理论文献。

王：拿到这本书后，我感受到这可以成为以后引导教师阅读的一种方式。因为现在的信息太纷杂，各种专业书籍也琳琅满目，而许多人都没有更多的时间与心情去全面阅读，这种精筛细选再加经典摘录的方式可以给人的阅读指路，也便于现代的碎片化应用。从这本书中，也可以了解素质教育的研究脉络。从西安、成都到贵阳，我可以感受到这三次会议的深化递进思路。

傅：今年也即2015年4月在贵阳召开的第二次理事单位学术专题研讨会，是我们中小学整体改革专业委员会深化素质教育研究和实践的一个历史节点。会上，我强调，袁贵仁部长在2015年教育工作会议报告中，明确提出“加快研制发布中国学生发展核心素养体系”。虽然只是一句话，但却是一项重要工作。并释放了一个重大决策信号，即中国决定采纳世界经济合作与发展组织的“核心素养”概念，构建中国特色的学生发展核心素养体系。

王：关于这个核心素养体系，请您给大家具体介绍一下。

傅：近年来，许多发达国家和世界经合组织成员国纷纷摒弃传统的知识、能力等概念，重新去寻找未来社会基础教育的“DNA”。世界经合组织创造了“核心素养”概念，它是一个整合了知识、技能、态度、情感和价值观的集合概念。因此，世界教育改革出现一个新走向：教育标准形式逐步发生变化，以个人发展和终身学习为主体的核心素养模型，逐渐代替了以学科知识结构为核心的传统课程标准体系。

王：这为素质教育的深化改革提供了一个新的方向思路，也与国际上正在倡导的“全人教育”理念异曲同工。

傅：我认为，中国学生发展核心素养体系的研制，是素质教育再实践的一个重要的节点。之前，实施素质教育究竟要培养学生哪些素质，抽象而不具体，不易操作。研制“中国学生发展核心素养体系”，将素质教育究竟要培养什么“素质”具体化、基础化，成为深化实施素质教育的一个历史节点，意义深远。

王：整改专委会将在这一方面起到怎样的作用？

傅：贵阳研讨会专门邀请国家“核心素养”课题组专家到会，介绍学生发展核心素养体系研制的前沿成果和思考。我一直认为，“春江水暖鸭先知”，作为中小学整体改革专委会的成员单位、成员学校，对于国家研制“学生发展核心素养体系”及其代表的世界教育改革的新走向，应当十分敏感和关注，始终走在中小学整体改革的前列。我在开幕词中特意指出，让我们共同肩负起“坚持以人为本，全面实施素质教育”的历史使命，矢志不渝。这是我们坚守的教育信仰，而不是作报告时为了保证正确才引用的文字。我们因信仰而同行！《中国教育报》记者汪瑞林为此写了一篇2000多字的报道，题目是“核心素养：素质教育再出发的起点”，十分抢眼，引起广泛关注。

贵阳会后，吴校长已经将今年10月在重庆举办的年会主题定位在“聚焦人的现代核心素养”。先人一步，开启以学生发展核心素养体系为标志的素质教育的再认识、再实践的学术研究和基层探索。我以为，在中小学整体改革和发展的节点上，展示方向，这就是中小学整体改革专业委员会应当承担的学术责任和学术贡献。

王：非常感谢您如此高屋建瓴又娓娓道来的详细介绍，期待中小学整体改革专委会在10月重庆年会上再创精彩。

傅：我因故已辞去整改专委会理事长的职位，中国教育学会已推荐张绪培代中小学整体改革专委会理事长一职，我相信在绪培理事长的带领下中小学整改专委会定能创出新的学术研究佳绩。

王：吴校长，听了傅国亮理事长这一番详细介绍，我终于对中小学整体改革委员会这几次的会议盛况有了来龙去脉的了解，怪不得您对傅国亮理事长有如此真切的评价，你们可谓是高手联盟、共创辉煌！接下来要请您接着谈一谈成都成华区教育与整改专委会组织的点面联动之缘了。

吴：好，我在前面说过与成华区结缘是始于裴娣娜教授所主持的全国主体教育的课题研究，由于共同参加主体教育的课题研讨，相互了解各自的实验项目。尤其是北京小学曾承办过主体教育课堂教学的展示交流大会，而成华区的校长、教师代表成都区域项目组与我们有过深度的交流。所以2009年底曹晓琼副区长和李香贵局长就专程到北京与我商谈在成都办北京小学分校的合作项目，相关协议文本尽管已经完成，但涉及挂名的问题遇到了障碍。为此我建议调动中小学整体改革专业委员会的学术资源，为当地的优质中校办一所名副其实的小学部。相关的资源整合以及学校的顶层设计自然就必须由我来承担了。

采访叶树文

叶树文，成都市成华区教育局副局长

王： 叶局长您好，我知道您是吴老师来成华办学的主要组织者，但实际上吴老师是以中小学整体改革专业委员会秘书长的身份与成华教育深度融合，您认为这种共享优质资源的方式有可借鉴的价值吗？

叶： 坚持“不求所有，但求所在，为我所用”，这种共享优质资源的方式很有价值，它是我们区域教育在跨越式发展阶段的理性选择，也是我们寻求政府职能转变、实现教育多元协同治理的有效路径。成华区是1990年经国务院批准成立的一个新区，多年来，在追求办好每一所学校的过程中，我们越来越认识到，在繁荣的市场体系中政府不可能包办一切事务，包办一切的过程是低效的，结果往往是不理想的。如何突破地域限制、打破制度壁垒，为区域教育发展寻求一种新的思维路径、探索一种新的撬动模式？2009年开始，我们尝试以“契约”的方式委托第三方专业机构为我们提供专业性服务，先后与中国教育学会、四川省教育学会、西南大学等知名教育机构和高等院校合作，通过购买服务、引智借脑，积极开展“全国和谐教育实验区”“全国优质均衡教育实验区”建设，有效地促进了区域教育及学校内涵优质发展。与吴国通校长的合作，就是我们基于这种背景下的一种积极探索。

王：我没有想到你们那么早就开始了委托第三方服务的举措，真是令人对于西部创新管理活力充满敬意，怪不得会吸引吴校长这样的前瞻性教育家办学者。

叶：吴国通校长不仅教育思想先进，在长期的学校管理过程中累积了丰富的办学经验，作为整改专委会秘书长，还拥有丰富的优质教育资源。在5年多的合作实践中，不仅为我们成华区办好了一所学校，作为名校长工作室领衔人还为我们培养了一批优秀校长，同时，还以整改专委会年会为契机，有力地推进了成华区教育现代化的进程。这种引进一个专家、带来一批资源、培养一批干部，办好一所学校、推动一个区域发展的模式，为共享优质资源、提升区域整体办学水平提供了极佳范式。所以，我认为挂品牌必要，找对人更重要。

王：看来成华区的经验表明，找对了一个人便活跃了一大片，所以您用“五个一”高度概括了共享优质资源的发展方式，确实值得借助外力促进教育发展地区的借鉴。我第一次接触成华区教育就是因为参加了中小学整体改革专业委员会2014年的学术年会，窥斑见豹，我从中感受到了成华区教育蓬勃发展的生机，这对于我重新认识西部教育的现状和潜力具有非常积极的意义。也正是在这一次会议上，我第一次走近石室小学，身临其境地感受到吴国通校长的思想理念与办学特色，也开始理解了他的个人办学思想与中小学整体改革专业委员会这个组织背景与成华区教育局教育发展之间如同鱼、水和池塘相互成就的关系。能不能请您再为我们分享一下这三者之间的渊源历程？

叶：这个部分，我请负责整体改革专业委员会 2014 年学术年会的张英科长来具体介绍，她负责整个会议的理论素材，应该更有话可讲。

采访张英

张英，成都市成华区发展规划科科长

王：张科长，在 2014 年学术年会上，我已经耳闻目睹了成华区教育局在承办这次会议中所展现的盛况和特色，请您再给我们更深度地介绍一下这次会议的相关情况。

张：好。关于这次会议的来龙去脉，首先我要强调的是“改革需要勇气，发展亟须引领”这个理念或感悟。正当我区的教育改革发展迫切需要借助高端学术平台注入智力支持，迫切需要借助承办国内大型研讨活动激发新的活力时，得益于吴国通校长的积极协调和牵线搭桥，2014 年 11 月 7 日至 8 日，我区成功承

办了中国教育学会中小学整体改革专业委员会第17届学术年会，实现了我们多年的夙愿。来自北京、上海、天津、重庆、广东、贵州、吉林等22个省市的中国教育学会中小学整体改革专业委员会实验基地校、理事单位、学术团体以及各地教育局局长、学校校长及学科教师代表等500余人参加此次会议，连同参加分会场和分论坛的嘉宾代表，参会人数累计达2200余人。会议邀请著名教育家、全国人大教科文卫委员会委员、国家总督学顾问陶西平，教育部法规司司长、教育部法制办公室主任孙霄兵，中国教育科学研究院副院长曾天山等10位教育专家作学术报告。中国教育学会秘书长杨念鲁，中国教育学会中小学整改专委会理事长傅国亮，四川省教育厅副厅长何浩，成都市教育局副局长王志成、左华荣，成华区委常委、副区长曹晓琼，以及中国教育学会副会长张绪培、中小学整改专委会秘书长吴国通和陈定凡等6位副理事长、北京小学校长李明新等8位学术主任出席了开幕式、闭幕式。本届年会以“研究典型，办好学校，示范一方，影响全国”为宗旨，以“深化教育领域综合改革·推进教育现代化发展”为主题，规模大、规格高、主题鲜明、内容丰富，受到了与会领导、专家和全国同行的高度评价，引起了热烈反响，是一届“优质资源共享的年会”，为推进中国基础教育改革与发展作出了积极贡献。

王：是，这次会议让我看到了中国教育界的各方专家学者，深切感受到了中小学整体改革委员会学术活动的专业品位与精神气质，让人有一种被温暖包围和被希望激发的幸福感，这才应该被代表为中国基础教育专业领域的内涵形象。

张：其次我要指出，整体推进区域教育综合改革，加快区域教育现代化进程，需要内外结合、借脑引智。2010年我们邀请吴校长来成都成华区办学，并同时建立了吴校长工作室，遴选了10名校级干部入室跟师研修，开启了为期六年的自主办学的行动研究。作为引领专家，吴校长对成华区教育发展的影响主要呈现在以下三个方面。

一是历练了我区干部队伍。入室研修的10名校级干部已有4人成长为法人校长，一所学校由“三类校”成长为“一类校”，一所学校成为区域教育联盟“盟主学校”，两所学校分别成长为“全国书法教育特色学校”和“全国花式跳绳特色学校”。在年会论文评选中，我区选送参评论文59篇，获一等奖14篇，占比23.73%。6个分论坛、7位校长的精彩发言以其鲜活的办学实践和充满自信的叙事表达受到了与会领导、专家及代表的高度肯定。我区是成都市拥有中小学整改专委会理事单位和会员单位最多的区域，为区域教育持续快速发展奠定了良好的学术氛围。

王：引进一位好校长，不仅办了一所好学校，还带动一批好干部，创立一些教育特色，这个借脑引智的成效很大。

张：二是扩大了区域教育影响力。为筹备全国性的年会，在吴国通校长的系统培训和悉心指导下，我区全面展示了学校改革、现代化建设成果和校园风貌。《教育家》杂志对我区近30所学校的办学思想、发展历程和文化特色进行了系统专题报道。《人民教育》《中国教育报》《中国教师报》《中小学管理》《四川日报》《成都晚报》和四川新闻网等各级主流媒体对我区“深化教育领域综合改革·推进教育现代化”的成果进行了报道，学校知名度和区域教育影响力得到了大幅度的提升。

三是促进了区域教育改革。5年来，在吴国通校长团队的指导下，我区各学校聚焦“现代制度建设、教师专业发展、教学方式变革、学生增值评价”等积极开展现代化办学实践，形成了40余万字的实践成果——《思想引领行动 行动成就未来》。区教育局以年会为载体，梳理成华教育现代化探索与实践历程，总结经验，谋划未来，先后组织干部、校长赴山东、上海、西安等地开展专题学习调研，两次与整改专委会协同召开区域教育现代化办学实践的专题推进会，多次聘请专家及高校教授进行专题指导，形成了我区深化教育领域综合改革的实施方案。总之，吴校长在成华的5年，既能深入实践办名校，又能开拓学术视野提升教育的发展层次。正如叶局长所说，“找对了人办成了事”在整合教育资源、共享优质教育的实践中我们是实实在在的受益方。

王：您的介绍使我对成华区教育事业的发展有了更深的理解，也让我想到2015年4月参加贵阳专题研讨会时与你们成华区教育局另一位副局长谢梅的相遇，因为幼儿教育是我的研究起点，所以在贵阳会议中我做了“素质教育的深度探索与扎根行动”幼教专场报告，谢梅副局长正好在场，因共鸣而结缘，在交流中达成素质教育需要从幼教扎根培育再往上持续发展的理念共识，因而邀请我去成都为成华区幼教群体做了一次讲座，还与各园长们做了面对面的沙龙研讨，令我进一步深切感受到成华教育人开放、宽广、灵动、务实的生命活力与专业气质。我想，这既是吴国通校长之所以会选择成华办学的土壤的吸引力，也应该是成华教育之所以能够吸引外智专业人的内在魅力，深化改革不仅需要情怀更需要胸怀，海纳百川才能扬帆远行。非常期待成华教育有更上一层楼的全面绽放！

张：谢谢你的鼓励，我们会不断努力。也希望成华教育能够得到更多的支持和促进。

四、名校办分校：优效改革如何扎根生长

王：有一个游戏，叫台风眼与影响力，台风眼代表一个人的定力，即无论外面如何狂风骤雨，台风中心风平浪静泰然不动，而影响力则代表一个人的扩展力，即通过各种关系和行动来不断将

思想力量投放到社会广域之中，这样才能经由有限的个人、有限的组织而不断联结扩展，逐步形成同频共振合力，以达育树成林、星火燎原之势。在吴老师您的身上，我看到了这种台风眼与影响力完美结合所产生的实践效果。前面您介绍过2017年北京大兴区亦庄分校的设计蓝图，我想，经过从北京小学的多年沉淀，到贵阳和成都的西部扩展，再回到北京大兴这个既贴近首都行政心脏又承载城镇发展新路的特殊区域，而您自己又经历了从一校具体办学到整体改革全局的思考与行动历程，我相信，这个学校的创办一定承载着您更上一层楼的前景展望，接下来，让我们再回到北京首都，是否可以大兴亦庄分校的未来设计来前瞻一下中国教育优效改革，如何从一校一地的扎根生长，再向全国去影响整体发展？

吴：我认识大兴区的教育同仁是从北京市启动“名校办分校”的发展规划开始的。中国社会的发展由“城市化”到“城镇化”，北京大兴是最有潜力的区域，从“京津冀”的发展布局来看，大兴会出现若干个二三十万人口的城镇。有人就必有教育的跟进，集中在核心城区的优质资源只有跳出压抑的空间才能赢得再发展的机遇。大兴区在第一轮整合优质资源的进程中把握了先机完成了整体布局，现在正是大兴吸收新的人力、人才资源迎接“新城镇”大发展创造教育新形象的时候。所以，到大兴亦庄办学我是很有信心的。

王： 大兴亦庄是北京最早的经济开发区，是世界五百强企业相对集中的中西文化交融新区，又是中国城镇化发展进程中的代表性区域，这样的背景决定了这一区域的教育将要承载不同于北京城区和西部城镇的特殊重任。那么，站在您一路走来不断提升扩展的办学经验的“肩膀”上，借助中小学整体改革专业委员会的学术平台来助推区域教育的先锋，创整体改革区域优质教育的新特色，这个前景将更加令人期待。我想就这个问题再采访一下大兴区教育局的相关领导。

采访荣俊艳

荣俊艳，北京市大兴区教委党委书记、教委主任

王： 荣主任，您好，非常高兴经由吴国通老师而与您相识，在我看来，大兴区的城镇化快速发展也为本区的教育带来了与时俱进的提速压力和整合优质资源的机遇，作为教育管理部门的主要领导者，能否请您介绍一下接下来的教育改革思路与行动部署？

荣： 关于您提出的大兴教育未来发展方向问题，是群众关注的热点，更是目前及今后一个时期我们大兴教育人实践与探索的重点。教育不光要把握形势政策律动，也要助力地区社会发展。当前，大兴作为国际新机场建设核心区和“京津冀”一体化发展的枢纽，必将吸引大量人口、资源与机遇，我们必须应势而动，紧抓机遇，实现发展，提升质量，满足需求。

王：好，请您具体地给我们介绍一下。

荣：首先要科学布局。经过“十一五规划”“十二五规划”的建设发展，大兴逐步形成了规模适度、结构合理、效益较高的办学格局。目前，新区范围内已经实现了“农村地区每个镇布局1~2所中学、1~2所中心小学、2~4所完小，新城地区适应人口分布、均衡配置中小学校”的义务教育资源布局结构。我们要继续坚持教育规划与区域经济社会发展齐步走，既立足现实，又适度超前。我们已与专业部门合作，科学编制了《大兴区基础教育专项规划（2014—2020）》，下一步将下大力气做好“十三五规划”期间的编制工作，促进区域内教育资源布局均衡。

其次是整合资源。为回应新区百姓对优质教育资源的渴求，我们以绘制北京“教育新地图”为契机，深化中学教研协作区、小学发展共同体工作机制，建立八大教育协作区，打造新区优质教育的“点”“线”“圈”，探索城乡教育一体化发展。通过重点培植本土优质学校，大力支持引进名校分校，深入推进一体化办学，提升现有的品牌学校，打造优质教育资源“点”；通过九年一贯制、十二年一贯制学校承前启后，镇内学校对口融通、直属学校有序衔接，形成连接小、初、高学段融通的优质教育资源“线”；拓展区域内学校的优质教育资源“圈”，建立校际联盟，把全区37所中学、54所小学划分为8大教育协作区，形成优质校引领、学段间联盟、校际间合作的八大教育协作区，完善“共建、共研、共享、共学、共评”机制，形成纵向贯穿融通、横向扩展延伸的格局，有效缓解择校热，缩小区域、校际间差异。目前，基本框架已经形成，今后还要加大运行机制研究，通过协作区内各校互促共进，提升整个新区教育水平。

再次是强化队伍。2011年以来，依托北京师范大学教育学部，借助北京市名校长资源，组织实施了新区教育系统“名校长培养工程”。经选拔的30名校长接受了系统的理论培训和市级名校长的实践指导，这些学习成果很快转化成各个学校办学质量的提升，“名校长办学”的格局已凸显出来。下一步计划与北京教育学院合作，整合师训资源，设计系统科学的教师培训项目，提升新区教师素养；与北京教育科学研究院合作，对教师开展课程改革、课程设计等教学教研工作，通过加强校长、教师队伍建设，提升区域教育教学水平。

王：好，非常感谢您提纲契领的介绍，为我们展开了一幅大兴新区教育的未来发展图景。下面我再采访一下周副主任，看看还有什么具体的补充。

采访周爱彬

周爱彬，北京市大兴区教委副主任

王：周副主任好，促进基础教育的优质均衡发展是国家的战略任务，我知道大兴的教育在抓住资源引进的同时，还着力于培育本土的校长、教师队伍，事实上这是抓住了发展的根本，能否给我们分享一下你们在这方面的成果？

周：感谢您对大兴教育的关注，我们大兴基础教育一直非常注重“内培外引，协调发展”。目前我们区内自主培育优质资源39所，包括市级示范性高中2所（一中、兴华）、国家级重点中等职业学校1所（一职）、省（部）级重点中等职业学校1所（二职）、北京市一级以上幼儿园31所，市级示范幼儿园4所（一幼、二幼、三幼、八幼）。2013年，将本区的市级示范高中大兴一中和兴华中学优质资源扩大，实行一校两址办学，分设大兴一中北校区、兴华中学金地仰山校区。

王：“内培外引”思路如何具体实施？

周：周：2005年来，我们坚持“内培外引”的总体思路，紧紧抓住“驻京高校对口支援郊区”“名校办分校”“名校城乡一体化办学”等政策机遇，引进高等院校、市级名校到新区开办附属学校、分校或一体化校区，共引进优质教育资源30所。引进的方式主要有三种。一是高校（科研院所）办附属学校。引进北京师范大学、首都师范大学、北京印刷学院、北京教育学院、北京教育科学研究院、国家行政学院等 6 所高校、科研院所在我们区开办了 8 所附属中小学、幼儿园。二是名校办分校。引进北京小学、北京八中、景山学校、北京二中、实验二小、北京军区空军育翔蓝天幼儿园等 17 所市级名校、名园在我们区开办了 17 所分校、分园或实验学校。三是名校一体化办学。引进首师大附中、北京十一学校、北京小学等 3 所市级名校到我们区办学，成立首师大附中大兴南校区、大兴北校区，北京十一学校亦庄实验中学、亦庄实验小学，北京小学翡翠城分校等 5 个校区，名校一体化办学实行“一个法人、一体化管理”模式，确保一体化校区与总校在理念、课程、文化、管理上一致。

王：这真是身处北京首都的优势，中小幼办学可以与这么多高校紧密结合，又有这么多的名校，你们大兴很会整合资源，确实体现出新区的创新活力。

周：这与一些优秀教育人的共同志向有关。为了进一步促进大兴、亦庄开发区两区资源整合，最近我们有幸专门聘请原北京小学吴国通校长担任北京小学大兴分校亦庄校区校长。我们与吴校长的合作始于2005 年，依托“名校办分校”“一体化办学”政策，我们分别在 2005 年、2008 年建立了北京小学大兴分校、北京小学翡翠城分校。在与吴校长的交流与沟通中，我们深刻认识到名校长、优秀教师对学校、学生、教育的重大意义，不断在高水平教育人才引进与培养上加大力度。目前，全区共有各级各类优秀教师1792名，其中特级教师27名，市级学科带头人23名，市级学科骨干教师148名，区级学科带头人412名，各类区级骨干教师1182名。各类区级及以上骨干教师学校覆盖率为100%。特别是充分发挥引进优质资源的带动作用，涌现出张文凤（北京小学翡翠城分校校长）等一批名校长，他们不仅实现了一个学校的发展，更是带领了大兴校长、教师队伍的成长与进步。下一步我们将继续依托名校办分校和城乡一体化学校建设工程，多种途径进一步引进名校长、名师、优秀毕业生，从整体上优化师资结构，提升师资水平。

王：谢谢您的分享。全国看北京，北京向全国，期待大兴新区“内培外引”“名校办分校”的经验可以给全国教育整体协调发展带来切实可行的创新示范引领作用。

五、前景共展望：深化改革如何自觉自信

王：吴老师，经过了各位专家领导的这些分享梳理，我对您从个人办学思想到育树成林、星火燎原的影响力扩展历程有了一个更加丰满和深入的认识，这又让我想到了一叶知秋的全息理论，即通过某一个局部信息便能感知整体状况。十几年前我在幸福课程专著中就用了这个全息原理来建构了全息评价，提出用多

元化、细节化的视角来全面、客观地评价各个教育因素对儿童发展的影响。“疑今者，察之古；不知来者，视之往。”想到当今社会公众对中国教育改革现状的纷乱质疑与偏颇批判，便不由得越来越感受到需要用您这样的思想对话和实践展现来重塑中国教育改革希望之正见的迫切，这也便是我在前言中所表达的“中国教育，挺立而行”的强烈驱动力。中国教育真的不缺好老师、好校长、好领导、好学者，需要的是用自尊、自爱、自觉、自信的正心正念正气正行来高举我们自己的“中国好教育”形象大旗，坚定不移地走出我们自己的中国教育特色改革之路！前面，我们已经全面分享了伴随您从教50年的“察古”“视往”之路，接下来，我想请您谈谈中国教育改革的未来展望，您认为我们应该如何从自觉自信的意识中走出未来的深化改革之路？

吴：“疑今者，察之古；不知来者，视之往。”习近平主席的这一句引言，不仅昭示着我们对于中华民族历史足迹的教训反思，也指引着我们对于中国社会未来发展的明灯航向。其实，中国教育的深化改革也需要这样去“察古”“视往”以昭明未来之路。关于深化教育改革的未来展望，涉及各方面的具体景象，但我认为最核心的问题，还是我们的教育举什么旗、走什么路、有什么内涵、指什么方向的核心价值取向，这恰恰是“教育回家”的根本之道。中共中央十八届三中全会深化改革的

60 条是中国和平崛起的发展纲要，其中第 42 条对教育改革的表述了突出“社会主义核心价值和优秀传统文化的教育”，我们还是要回到这个价值核心基点上，来谈论中国教育改革未来方向的问题。

王： 前面杨文荣教授说一个成功的办学者首要特质就是“具有政治家的嗅觉”，这实在是精辟的概括，我在您身上一次次感受到对于国家意志和政策方向的密切关注与深切解读。我知道您曾荣获“全国优秀辅导员”和“全国德育先进者”的表彰，您的这种“政治嗅觉”是否与您在这一方面的实践经历有关？

吴： 杨教授从四个方面来解读现代校长应具备的素质，其中政治嗅觉是指对国家教育意志的理解与坚守，是关系到究竟要培养什么人的方向性问题。张楚庭教授认为我们教育的前 30 年太政治了、后 30 年又太功利了，也就是说过左过右的教育倾向都会违背教育的客观规律。试想，没有家国情怀的教育于国于民还有多少存在的价值呢！教育需要选拔精英，但脱离了“读书志在圣贤”的古训，必然是为“精致的利己主义者们”铺设了上升的台阶。而现代社会信息开放，价值多元的教育如果还停留在升学择校的功利竞争上，必然离社会主义的核心价值渐行渐远而导致教育与家国情怀的割裂与分离，对学生个体成长与国家发展都有弊无利。台湾学生反服贸、香港学生反普选恰恰警惕了我们“去中国化”的现象以及忽略自身优秀传统文化历史观的教育，将可能是中国和平崛起的潜在危机而非是现代性的民主福音。

王：您的观点我十分认同，教育离开一个国家的核心价值，学生得不到家国情怀的培育，这就像无根之木、离水之鱼一样，会让人失去精神家园的支持和文化土壤的滋养，再怎么从外在努力都无法获得应有的教育成效，为此，我也才提出要培养具有世界意识、中国心、乡土情的未来世界公民。只是对于这个“中国心”的倡导理解，却颇有人抵触抗拒，比如在一些公开场合一提社会主义核心价值观，就容易被人抨击为“被洗脑”，一讲中国传统文化历史，就被人以“外国教育如何如何先进”来否定。而我从您自己身上以及您所办的学校实践中，充分感受到您充满正气的“中国心”，即使是看您一手策划的北京小学六十周年庆，从那些节目、气场、资讯中，都可以强烈地感受到这种核心价值观的真切、生动、具体展现，而决不是唱高调、走过场的形式，这种纯真的正气真的让人感动，令人感受到中国教育的精神特色和发展希望。不知您是如何能够透彻理解并保持这种真诚、坚定的“中国心”的？

吴：我在年轻时曾是共青团的支部书记，从“以团带队”的德育角度，担任了学校少先队的总辅导员。在我们那个时代，共青团、少先队曾是学校教育最活跃的社团组织，对于社会主义核心价值和革命传统教育有一种本能的敏感，而“寓教育于管理之中、寓教育于教学之中、寓教育于活动之中”是实施教育目的的三大途径。随着社会的进步、教育的普及，不管育人途径如何开放活跃，家国情怀的底线不可丢，为民族、为国家创造文明而捐躯奋斗的先祖先辈不能忘！这是教育回家必须坚守的育人目标的根本所在。这也是我在宣武区从教30年、从教师到校长的教育实践留给宣武教育同仁们最主要的印象吧。

王：咬定青山不放松，任尔东西南北风。我曾经多次用这句话来提醒教育工作者不要在缤纷杂乱的教育思潮流行风中“忘本”、迷失。现在更加深悟，这个不该忘的“本”不仅是教育本身的本质、原理与规律，还有明确坚定的价值追求，这或许是所有中国教育人都应该理性回归的“教育信仰”！而这个“本”，却在当今被渐渐忽略了，才使中国教育改革在自我精神荒漠与西方价值膜拜的双重夹攻之中如陷泥潭而难以自拔！为了进一步了解这个问题，我还想采访一下您当初做少先队员总辅导员时的领导，再做个具体回顾。

采访郑然

郑然，北京市西城区人大副主任、原宣武区教工委书记

王：郑主任，您好。在我与吴校长的交流过程中，我深深地感受到

他对核心价值和传统文化理念的坚守，这是否与他在少先队和德育工作中的出色经历有关？

郑：我也是教师出身，坚守教育国家意志的共同经历使我和吴国通成为亲密的教育同仁和战友。我曾任宣武区少先队工作委员会的主任，宣武区教工委的书记，后调到区人大任副主任。由于主管教育所以对吴国通任教师、任总辅导员、任德育主任直至任校长的教育经历比较了解，他工作勤奋善于思考，能从学术的角度不断探索研究少先队的活动和学校的教育，留下了不少具有历史创造性的实践案例。

王：请您具体地介绍一下。

郑：他创造的第一案例，是在普通的香厂路小学以少先队的创造性活动、少先队的以纲实教①和少先队的特色小队活动连续培养了包括他自己在内的三位“全国优秀辅导员”。这在北京市乃至全国的少先队学校教育的实践中也是绝无仅有的一例。

他创造的第二个案例，就是在北京市各个学校特级教师青黄不接的时候，北京小学却能一次性被评出包括他自己在内的三位“特级教师”荣誉。这在北京市特级教师区县名额分配极其有限、评选程序极其严格的条件下，没有实力是根本不可能

---

① 按照团中央制定的“少先队教育活动大纲”实施的教育活动，简称“以纲实教”。

达到的目标。

他创造的第三个案例就是在任北京小学校长时，积极配合区级优质资源整合，以大教育观亲自设计并先后组建了三所北京小学的分校，这在宣武区优质学校中也是首屈一指的率先行动。

王：吴校长之所以能够做出这么出色的实践成就，是否从另一个角度也说明了“根正苗红”的思想素质与价值理念才是支持教育工作者不断创出专业佳绩的内在动力？

郑：吴老师在宣武区从教30年，对教育所作出的贡献有他内在的主观因素，也有宣武区亟须改革发展的外在大环境的支持。所以他的成就也是宣武区教育发展的一个缩影，因此，作为老宣武的教育同仁，我非常看好你们这本《教育回家》的对话录。

王：感谢郑主任对我们的鼓励！中国教育的深化改革未来之路，不仅需要有清晰坚定的核心价值和思想力量，更需要知行合一、脚踏实地的创新精神和务实行动，而其中人们最关注的或许还是如何真正变革应试教育的评价导向。得知中国高等教育招生考试将于2017年开始实施全面改革，目前浙江是这一改革的先行实验区域，也可以称之为中国教育梦想践行的前奏曲，最后我还想就这一问题采访一下我更为熟悉亲切的张绪培副厅长。

采访张绪培

张绪培，中国教育学会副会长、原浙江省教育厅副厅长，中小学整体改革专业委员会理事长

王：张老师，您好！很高兴在上次中小学整体改革专委会年会中与您再次碰面。我知道您与吴老师是整体改革专业委员会最早的发起人和组织者，最近，中国教育学会又请您直接出任中小学整改专委会的理事长。您又是我心目中非常崇敬的具有人文情怀和专业智慧的教育行政官员和教育理想的行动者，十几年前对您做《浙江幼教在腾飞》采访时的情景还记忆犹新，今天又因与吴老师的“教育回家”对话之缘而再来与您联结，更是备感荣幸。您从中学老师到校长，到教育局长和厅长，再到中国教育学会等不同层面的岗位经历，对于中国教育的未来发展有着更为丰富而全面的见识，能否就深化改革和中国教育梦的前景分享一下您的教育智慧？

张：说到“教育梦”，你知道它是指至2050年建国100年时基本实现国家发展的现代化，而实现教育的现代化按国家发展规划却在2020年提前了30年，这恰恰表明教育的战略性、先导性的重要地位，所以教育的深化改革比历史任何时期都更为紧迫，2017年是关键之年，也是中国教育最有希望的发展之年。

王：如何理解中国的教育梦之内涵前景？

张： 具体说到中国的教育梦，我认为可用孔老夫子的三句话来表述。

第一，“有教无类”。要着力解决三个问题：一是进城务工子女的学习问题，今后十年按国家城镇化发展规划每年农民进城的比例是一个百分点1300万，十年1.3亿，我们必须做好迎接他们入城上学的准备；二是教育的秩序问题，从教育政策、师资配备、教育设施上解决均衡发展的问题，尤其要统筹农村与城市的代沟问题；三是尊重各级各类的教育途径，还每一个孩子的发展尊严，最大程度满足职业教育的需求。

第二，“因材施教”。核心是办不一样的学校，培养不一样的人才。社会需求是多元的，各有所得是客观规律，我们教育做得最傻的事就是总想把不一样的人培养成一样的，结果从上到下人人累得不行。教育转型突出了“没有最好只有最适合的教育”，最适合的教育让每所学校都有变成优质教育的可能。

第三，“人尽其才”。一是启蒙，中国基础教育最对不起孩子的就是读了15年的书，不知道我是谁、我的潜质在哪里，不知道我想干什么、能干什么，这是教育的悲哀。所以，要坚定地把必修课减下去，选修课加上来，要让孩子有更多的涉猎、更多机会的尝试，让他们在选择中选择，在选择中发现自己。二是立德，要让孩子成为一个真正的中国人，首先要培育孩子积极向上的人生信念。引导孩子热爱生活、会生活、有自己的生活，在生活中经历有所得也有所失的磨练。其次要培育孩子具有家国情怀的人格尊严。健康心理、规则教养、友善情操、理想规划是人格尊严的四个支柱。家庭、学校、社会要创造尊重孩子人格尊严的舆论环境，尊重孩子个性丰富多彩的发展选择，唯有让教育回归促进人全面而自由发展的本真，才有可能实现“大众创业、万众创新”人尽其才的发展状态，从而为“中国制造2025”奠定基础。我想这就是中国教育所追求的梦想境界。从这一点来讲，你和吴老师所讨论的“教育回家”是一个很有价值的议题，祝愿你们成功！

王：非常感谢张老师的鼓励！您对中国教育梦未来前景的概括描述，让我回到写拙著《中国教育问道》时的思绪和心情。当时在“教育之道”一章中讲到教育的使命，是“关怀人性，帮助每一个人成为最好的自己”，经由您的分析展望，经由吴校长及成千上万中国优秀教育工作者的共同努力，可以期待中国教育走向回归人本、立德树人的幸福价值导向使命实现之路。

尾　声 | 走在希望的田野上

从乍暖还寒的初春，到烈日炎炎的盛夏，教育回家的对话陆陆续续地行进了半年时间，终于接近尾声。在细细碎碎的文字间，就好像陪着吴老师重走了这几十年的从教历程，也像是跟着吴校长和他身边的人梳理了一遍中国基础教育改革发展的历史片段。记得在很多年前的一个教师节，我在本地报纸上写了一篇文章《一位恩师一本书》，历数了从小学、中学到大学各位恩师对于我的教诲的记忆和成长影响力，当时我正从师范学校要求调到幼儿园带班教学，对于师恩传承的体会日渐深化，真正开始理解什么叫做“老师，长大后，我就成了你”，并开始建立自己的课程理论。而今天，经过了这么多年的研究历练和积淀成长，我却从“一位恩师一本书”的深情感怀进一步跨越到“一位校长一种教育”的理性体悟。这种体悟经由吴国通校长的人生经历和教育思想而得到了外在彰显与内在确认，让我再一次感慨我曾经用过多少次的那句话：世界上不是缺乏美，而是缺少发现美的眼睛；生活中不是缺乏幸福，而是缺少感悟幸福的心灵。迁移到中国教育现象，我们是不是也可以这样表达：中国不是缺乏教育家，而是缺少对具有中国心的教育家的发现与解读；中国更不是缺乏好教育，而是缺少对体现中国情的好教育的感悟和欣赏。

在将要结束这本对话录的时候，我重新翻开了从北京搬回杭州的一大袋资料，一一浏览，从那一本本记载着吴老师办学思想与实践历程的采访报道或论文著作的杂志书籍，就好像再一次欣赏着“一位恩师一本书”“一位校长一种教育”的影片重放。吴国通老师到底是一本怎样的书，是诗歌、散文，还是哲理故事，他这半个世纪以来所培养的万千学生体味最深，而吴国通校长在这个中国社会转型大时代的教育改革历程中到底创造了一种怎样的教育，那一篇篇论文、一篇篇报道，从不同角度为我们讲述了无数的故事。其中，我最爱《人民教育》杂志记者白宏太写的一篇报道文章①，他以这样的开头展开了“这一种教育”的生动场景：

“我是中国人，我爱我的祖国！我要使我的祖国变得更富强、更美丽！我要脚踏实地做事，顶天立地做人！”3 月，北京市槐柏树街，一阵清脆、激越的童声穿过校园，穿过都市的喧闹，回荡在人们耳畔。

这是北京小学每周一次的升旗仪式。初春的北京，清冷彻骨。在

---

① 白宏太：《北京小学的“摇篮曲”》，载于《人民教育》，2009 年第 10 期，第 22 页。

学校广场上，孩子们像挺拔的小树，迎风肃立，稚嫩的脸上充满庄严，当全校师生手按前胸，仰望五星红旗，齐诵北京小学誓词时，校门外的行人都停下脚步，安静地注视着、聆听着、久久不愿离去。

为何人们“久久不愿离去”，我想这一定不只是记者的修辞手段，而是这些清脆、纯真却铿锵有力的童声中传递着“诠释历史、延续历史、创造历史”的中国教育梦。这是经由吴国通校长与北京小学的结缘继承发扬光大的“小学校、大课题”“小课堂、大变革”“小学生、大教育”的现代办学丰采乐章。中国的学校有千千万，中国的校长有万万千，中国教育的改革课题更是视角各异、观点纷呈，但吴校长所代表的教育思想与实践历程，却向我们展现明确无误、坚定不移的“这一种教育”。如果一定要给这一种教育下一个定义，那便是立足中国的教育、扎根人民的教育，那便是回归人本的教育、发展主体的教育，那便是助长生命的教育、走向幸福的教育！这一种教育，足以引领我们所有的中国教育工作者，再一次挺起胸膛、充满信心地走在希望的田野上，去迎接中国教育改革发展的丰盛金秋！

王晓燕

2015 年 8 月 5 日于杭州

附　录 | 校长办学共同体成员

“万紫千红春满园”

——感恩校长办学共同体的各位成员

一、北京市教育学院首届“名校长第五工作室”入室研究员

陈　丽　北京教育学院校长研修学院院长，教授，工作室导师

吴国通　北京小学校长，特级教师，中高职称，工作室指导教师

王　欢　北京史家小学校长，特级教师，中高职称，中共十八大代表

陈　姗　北京五一小学校长，特级教师，中高职称，学区党委书记

王长华　北京密云第二小学校长，中高职称

田玉贞　北京燕山向阳小学校长，中高职称

二、由吴校长主持建筑设计的“北京小学分校”的名校长成员

唐　洁　北京小学贵阳中天分校校长，高级职称

张景浩　北京小学大兴分校原校长，特级教师，中高职称

桑海燕　北京小学走读部校长，中高职称

刘显洋　北京小学万年花城分校校长，中高职称

张文凤　北京小学翡翠城分校校长，中高职称

刘卫红　北京小学通州分校校长，中高职称

于燕飞　北京小学大连海中国分校校长，中高职称

陈　崴　北京小学红山分校校长，中高职称

三、北京市原宣武区“校长工作室”的入室研究员

卢乃静　北京市西城区教育委员会小教科科长

杨永军　北京回民小学校长，中高职称

耿　洁　北京西城实验小学校长，中高职称

王　红　北京白纸坊小学校长，中高职称

康恺伶　北京天宁寺小学原校长，高级职称

四、成都市成华区“校长工作室”的校长研究员

周　静　成都市石室小学副校长，高级职称，学科带头人

陈　怡　成都市石室小学副校长，高级职称，学科带头人

陈　琳　成都市成华小学副校长，高级职称，学科带头人

刘宗霞　成都市建设路小学校长，中高职称，学科带头人

甘凤兰　成都市双水小学校长，中高职称，学科带头人

杨晓丹　成都市培华小学校长，高级职称，学科带头人

杨　杰　成都市海滨小学校长，高级职称，学科带头人

杨 红 成都市五桂桥小学副校长，高级职称，学科带头人

羊 兰 成都市建设路小学党支部书记，高级职称，学科带头人

张明蓉 成都市熊猫路小学校长，高级职称，学科带头人

肖 凯 成都市树德小学校长，高级职称，市学科带头人

五、北京大兴区“校长工作室”的实践共同体

王玉环 北京育才学校大兴分校 党支部书记 副校长

王炳玉 北京大兴区采育第三中心小学 校长 党支部书记

田 娟 北京教育学院附属大兴实验小学 副校长

闫学英 北京大兴区第九小学 校长

朱雪嘉 北京大兴区亦庄第二小学 党支部书记 副校长

沈玉新 北京大兴区亦庄第二小学 校长

李 娟 北京大兴区兴华中学 副校长（小学部主管）

迟 辉 北京小学翡翠城分校 副校长

张江涛 北京大兴区第二小学 副校长

张文雪 北京大兴区教育委员会小教科 副科长

金卫鑫 北京大兴区庞各庄第二中心小学 校长 党支部书记

陈秋霞 北京大兴区榆垡第二中心小学 校长

赵一芒 北京大兴区长子营第二小学 校长 党支部书记

郝丽萍 北京小学大兴分校亦庄学校 党支部书记 副校长

韩淑慧 北京大兴区北臧村中心小学 校长

北京市教育学院首届“名校长工作室”第五工作室。后排左起：杨晨、陈珊、田玉贞、王长华、王欢；前排左起：吴国通、陈丽。

附　录 | 典型办学案例报道

报道一　曾蓉校长

让学生拥有终身发展的“护照”

——成都市石室小学的现代发展思路

这是一所“老”学校，“石室”之名，可以追溯至两千多年前中国历史上第一个体现国家意志的办学实体——“文翁石室”；石室，承载着历史的荣耀，延续着古老文明的文化血脉。

这是一所新建校，2010 年，石室小学伴随着《国家中长期教育改革和发展规划纲要（2010—2020 年）》的诞生而诞生，在“教育现代化”的时代呼唤中亮相川蜀大地；四年坚实的脚印，在现代发展之路上且思且行。

要建一所高起点的学校，不仅需要软硬件的高位切入，更需要价值指引、文化先行。因此，如何根植于历史、立足于现代，创造适合每一个学生健康发展的良好环境，是四川省成都市石室小学在开校之初就思考的问题。学校认识到，培养学生的终身学习意识和学习能力是现代学校的根本任务。基于这一认识，他们将学校管理

曾蓉，四川省成都市石室小学书记、校长，中学高级教师，四川省特级教师，成都市首批特级校长，中国教育学会会员，中国教育学会中小学整体改革专业委员会常务理事，四川省德育专委会常务理事，成都市教育学会常务理事。曾参与裴娣娜教授主持的全国主体教育研究工作，主持研究的课题“美育校本课程的开发与研究”“教师尚美文化的建设与研究”等分别获四川省政府教育科研成果二等奖两次，三等奖一次，并出版专著《教师尚美文化的理论与实践》。

定位为一种“服务”，而将学校的使命定位于“为培养个性化、本土化、全球化视野的终身学习者打好坚实的基础”。

有一本名为《一生的护照：终身学习与未来社会的个人生存》的书传递了同样的观念：所有的人都要为适应这个急剧变化的社会而做好终身学习的规划。我想，石室小学的现代发展之路，正是基于适合学生终身发展的顶层设计，以“三个回归”为载体，即“让文化回归学校教育、让动力回归自我教育、让责任回归家庭教育”，致力于把学生培养为终身学习者，从而让每个学生都拥有一张终身发展的“护照”。

一厅一馆：让学校文化有“魂”有“根”

图腾大厅、尚美园、感恩园、彩虹门、名贤记忆馆……走在石室小学的校园里，你会不由自主地感觉，厚重的历史感与鲜明的时代感在同一时空里交相辉映，这些独具匠心的设计，使整个学校充满了价值感、历史感和本土感。其中，一厅一馆则是两张最闪亮的名片。

图腾大厅的文化传承

学校应该是一个精神的王国。石室小学的图腾大厅呈现给我们的正是一种文化信仰、一种精神追求。

进入校园主楼，首先映入眼帘的就是由石室小学自主设计、体现学校精神追求的图腾大厅。铺设于大厅地面和墙面的四川省地图、中国地图、世界地图均按1∶7的比例进行设计，并且请权威的中国地图出版社的专业编辑和工程师为学校量身定制的，它们被石室人骄傲地称为“校园第一图”。地图周围还绘有四川名胜和中国的各民族介绍。对他们而言，四川地图意味着“地灵人杰，美丽家乡”，中国地图意味着“民族团结，和谐家园”，世界地图意味着“人类文明，共同梦想”，而这正是石室人的图腾——不是某种动物、植物或者器物，而是生长的土地。

“这是学校的文化之魂，也是学校的核心价值追求。”在石室小学总校长、北京小学原校长吴国通看来，民族、家国是最重要的根，是文化的灵魂。图腾大厅所体现的，正是全体石室人“立足家乡、植根本土、热爱祖国、放眼世界”的教育情怀。他希望学生真正了解自己所生长的中国、四川、成都、石室，由此建立家乡、国土的价值观，爱家、爱乡、爱国，进而“自主自强、学有所长”，做现代的中国人，真正做到“脚踏国土放眼世界，理想远大根深叶茂”。

以开放形式呈现的图腾大厅，是学生开展主题活动的主要场所，也是孩子们经常聚集的地方，他们走近地图，在这里寻找国内国际大事的发生地，触摸世界的“脉搏”；他们亲近地图，在这里感知课内外故事中的“天时、地利、人和”，与英雄人物“同呼吸、共命运”；他们热爱地图，在这里感受基于家园与国土建立的依赖感、信任感和亲近感。如今，这里不仅是学校的一个重要资源库，更成为学生的一个精神家园。

名贤记忆馆的精神价值

“见贤思齐，学而不厌”——这是石室小学的校训，名贤记忆馆的创意正是来源于此。

走进名贤记忆馆的“一廊四馆”，看着凝聚全校90多位教师（注：绝大多数教师参与其中搜集整理）集体智慧的“四川历代名贤榜”，如同穿行在时空隧道，在一串串熟悉的名字和一个个鲜活的面容之间，品读一座座精神丰碑。从先祖馆、先辈馆、先贤馆、先烈馆，到近现代名人廊，这里展示了四川省自古以来各行各业的88位名贤人士，包括武则天、刘备、诸葛亮、杜甫、李白、苏轼等历史名人，邓小平、朱德、刘伯承、聂荣臻、陈毅等开国元勋，郭沫若、巴金、张大千等文化名人，以及流沙河、刘心武、李开复、杨红缨、高敏等当代名人。此外，名贤们的生平事迹还被制作成集音像、文字、图片为一体的宣传集，储存在电子触摸屏中滚动播放，学生可以自主阅读，从中寻找学习的榜样。

“他们是四川人的骄傲，也是我们共同的精神财富。”在石室小学校长曾蓉看来，名贤记忆馆是一种文明的传承和精神价值的延续，呈现的是“眼中有人”的校园文化。“这里的每一个人都是一个丰富多彩的故事。”曾蓉认为，不能让孩子们的脑子里只有书本，所有孩子都应该活在人物的故事之中，这样的校园文化才是真正回归到人，才能真正促进学生成长。而这些本土生长的名贤，也让学生们备感亲切，他们不仅带给学生“家乡地灵人杰”的自豪感，培育了学生的民族精神，而且帮助他们积聚学习的动力，吸取成长的力量。

为了让名贤真正走出故事、回归学生，石室小学以名贤记忆馆为载体创新德育形式，开展了“思名贤，学自强”及“思贤少年——寻根问祖、习礼仪、爱科学、健身心、展才艺、走天下、知感恩”等系列主题活动。据曾蓉介绍，这套名贤资料还将被整理成校本课程，正式进入学校课程体系，每个学生都可以基于这个资源库，不断寻找、发现进而构建自己的个性化课程。

个体增值评价：让学生看得见自己的成长

“从三年级到四年级，我的实心球成绩从 4.0 米提高到 4.8 米，仰卧起坐从每分钟 17 个提高到 46 个，短跑从 11.59 秒到 9.63 秒，跳绳从每分钟 51 个到 120 多个，肺活量原来是 1841，现在是 3000 多……”四（1）班学生田宜昊不假思索，就如数家珍般报出自己的各项“体育指数”。对于田宜昊和他的小伙伴们来说，不仅是体育学科，他们对于自己在其他学科中的学习状况也都了如指掌。比如语文又读了哪些书，这个学期增加了几本，数学计算的速度和正确率提高了多少，等等。

“教育不能回归到个人身上，就找不到真正的动力。”在曾蓉看来，学校实施的增值性评价研究，让学生对自我有了更清晰的认知，因为“底线在握”，所以学生能够看得见自己的成长；因为“保底不封顶”，所以学生既能够清晰地把握学科基本能力的增值点，又拥有学科拓展的个性发展空间。因为“合格即优秀”，所以学生们只需要“自比自”，不用“人比人”；只需要评“爱不爱”“能不能”，不必评“好不好”。就像在“学生誓词”中承诺的一样：“学习、成长是自己的事。”他们懂得了对自己负责，也越来越自主自信。

在研究中，各个学科根据学生的基础情况，形成了不同的切入点——

体育组专门设计了《“铁人五项”健康自我运动体验手册》，为学生进行体育锻炼提供了菜单式选择。之所以选择“铁人五项”，因为它涵盖了学生的五项身体素质——速度、耐力、力量、灵敏度、柔韧性，立足于学生身体素质的全面提高。在专项体育家庭作业中，跳绳、仰卧起坐、慢跑、收腹起跳、俯卧撑、高抬腿等项目均有分年段的具体要求，学生每天从中选取二至三项进行练习，也可以用其他球类项目代替。每个学生每个月都要进行一次体质测试。这样，学生可以直观、清晰地看到自己的变化，家长也更加了解孩子的健康状况。但是，体育组组长王威力并不满足于此。他和他的团队自讨苦吃，又为自己增加了一项费时、烦琐，却极有意义的工作，就是每个月都要对影响个体增值的因素进行分析，积累全校的大数据，进而找到切实增强学生体质的方法，“实实在在地为学生健康做点儿事”。

语文组以“文字应用能力”为切入点，设计了课外阅读积累册，引导学生在阅读中积累更多的词汇、句子、段落和篇章。一（1）班班主任郭念老师甚至酝酿着“给每个学生做一个私人订制”，她专门制作数据库，记录班里每位学生的前测、中测、后测情况，并对学生的语文学习力进行数据分析。数学组以“数学运算能力”为切入点，特别制作了“计算小达人养成记”，不仅提高了学生的运算能力，而且实现了学生的兴趣增值。英语组借助“小学生英语口语能力个体增值发展记录手册”，真实记录学生的词汇增长情况，并据此绘制“我的成长曲线”。此外，个体增值发展还被纳入德育、家庭教育等范畴。三年级语文教师彭老师就尝试从情感增值的角度，挖掘学生的学习潜能，调动学生的内驱力，进而实现每个学生的个性优化发展。

“这样才能真正把发展权、学习权交给家庭、班级、学生，让教育真正回归个性、个别、个体。”曾蓉欣喜地发现，教师通过学生的增值性发展图表或者曲线图，可以采取更有针对性的有效教学，他们的学生观也在不知不觉中发生变化：开始纵向评价每个学生的进步和发展，更加尊重个体差异和学生的自我成长。家长对孩子的学习情况一目了然，他们不再盲目地将孩子进行攀比，对孩子进行课外辅导时更加有方向感。更重要的是，学生真正实现了动力回归，每个学生都能发现自己的增值点，在个体增值中体验自我发展的潜力和自主成长的快乐。

家长助教：让父母回归“第一教师”的责任

我们采访当天，恰逢石室小学家长助教委员会举行第四次“我的孩子我来教——做更好的家长助教”家庭教育论坛。在参与分享的家长中，有两位“明星”家长助教格外引人关注。

一位是三（4）班学生曾鸣昊的爸爸曾俊，他和他带领的“超级丹”羽毛球队都是学生们追捧的校园明星，大家亲切地称他为“曾爸爸”“曾队”。

“曾爸爸”是一位羽毛球爱好者，从儿子就读石室小学开始，他就多次找曾蓉校长提建议，希望借助身边的优质资源，在学校成立羽毛球社团，把这项运动带入学校。这个想法与曾蓉的思路不谋而合。作为一所新建校，一方面，需要以特色项目带动学校发展，另一方面，她也希望给这些想为学校做事的家长们提供平台和空间，充分发挥家长作为“同盟者”的作用。“从没有哪个家长这样执着地来找我。”曾蓉最终被感动了，在与“曾爸爸”反复磨合社团推进计划、明确时间安排后，2012 年，石室小学第一个由家长主持的羽毛球社团正式成立，“曾爸爸”被聘为校外辅导员，学校负责提供场地、资金等相关保障和支持。随后，“曾爸爸”又借助自己的资源网，力邀世界羽毛球冠军林丹担任学校“超级丹”羽毛球队的顾问，并且引入“超级丹”精神作为球队文化建设的核心理念。球队成立的那天，林丹还专程赶到学校为球队揭幕。经过两年的刻苦训练，2014 年 5 月，这支球队在总教练“曾爸爸”的带领下首次出征，参加区里举行的羽毛球赛，并且荣获乙组团体第一名的好成绩。他还带领家长们举办了首届羽毛球亲子趣味运动会，开设了家长羽毛球课堂，在学校卷起了一阵“羽毛球热”。如今，作为学校家长助教委员会策划部部长，“曾爸爸”除了打造冠军球队的愿望，还准备创编羽毛球操在学校推广普及，从而让羽毛球真正成为石室小学的特色项目。

“崔阿姨讲故事”是石室小学家长助教的另一个品牌。崔阿姨是二（2）班学生羊珺翼的妈妈，她从女儿一年级入学开始，每周五到班里给学生们讲故事，由此带动了这个班级学生的阅读热情。后来，“崔阿姨讲故事”的品牌又拓展到年级、学校，越来越多的孩子在她的故事中成长，崔阿姨的知名度也不断提高。

像他们一样，石室小学还有许许多多活跃在班级、年级、学校的家长助教们。他们不仅参与学校管理，为学校发展献计献策，而且还走进课堂，参与班级活动，担负起教育者的职责。比如：各级家长助教委员会基于“家长资源库”，开发了父母课堂，并且整合资源，开展走班制教学。一些家长助教培训师还走进学校，服务于教师成长，给老师们带来了全新的培训体验，如一（5）班吴妈妈带来的情商管理培训。还有一些家长助教发挥特长，承担起学生社团辅导员的职责，带动了学校艺术体育特色项目的发展，如一（6）

班的几位妈妈组建了班级合唱社团，所排练的合唱节目还荣获了学校合唱比赛一等奖。

从“重身轻心的抚养者——家长”转变为“关注全面发展的第一教师——家长助教”；从“学校主导、支配下的家校分工合作”关系转变为“家校平等、互助的家校互助合作”关系，石室小学通过建立家长助教的工作机制，使越来越多的家长积极主动地参与到“第一教师”的角色中来。他们在“家长誓词”中庄严承诺：“我是成都石室小学的家长助教，为人父母，是孩子的第一任教师……我要时刻关注孩子的成长，愿意分享学校、各个家庭的教育智慧，为孩子成为健康的社会人承担我的教养责任。”

“学校教育的专业性，体现在尊重学生的认知规律，帮助学生构建学习力，而学习力的延伸和丰富则在于家庭，发展在于个体，只有这样，才能真正走向学生的个性发展之路。”为了让家长更加明确自己的角色、责任和定位，吴国通每年都会对家长们进行专题培训。他认为，在这个开放多元的社会，学校已经无法“承包”个性多异的孩子，因此，必须让家长回归“第一教师”的角色，成为学校和教师的互助合作者与支持者，由此形成学校、家庭、社会三位一体的教育合力。

《国家中长期教育改革和发展规划纲要（2010—2020 年）》中概括了现代学校制度最鲜明的特点，就是“依法办学、民主监督、自主管理、社会参与”四个关键点，其重要内容之一就是建设好家长委员会。石室小学通过探索家长助教工作机制，建立了一个广泛的教育资源系统，由此在一定程度上缓解了学校发展中的一个基本矛盾，即“家长和社会对教育质量的高要求与学校内部资源匮乏之间的矛盾、师生教学和学习需求旺盛与学校供给能力薄弱的矛盾”。而这，正是推动学校现代化发展进程的重要举措。

我们期待，这所扎根于两千多年的文化沃土、承载着现代化发展使命、在历史与现代交融中生长的学校，拥有更加蓬勃的生命。

（载于《中小学管理》，2014 年第 9 期）

报道二　张文凤校长

从“看见”孩子到“发现”孩子

一个根雕艺术家去寻找树根之前，不会是构想好根雕形象后，再按图索骥，去找相似的树根；而是在找到树根之后，再依据树根的形状去雕塑。这告诉我们教育者，要创造适合学生发展的教育，而不是选择适合教育的学生。卢梭在《爱弥儿》中说，教育的影响必须与儿童的自然发展相一致。孩子们站在我们面前，我们非常容易看见的是群生像，但作为教育者，我们更应该善于透过表象看到更深层的东西，发现每个孩子的独一无二之处，挖掘出他们成长

张文凤，北京小学翡翠城分校党支部书记，校长。管理本科学历，中高职称。大兴区语文学科、品德与社会学科带头人，区青联委员。“全国五一巾帼标兵”“北京市优秀教育工作者”“北京市先进工作者”“大兴区十佳校长”等。有几十篇文章在报刊发表、获奖，曾主持编写大兴区地方教材《大兴——我的家》，著有专著《翡翠城——梦开始的地方》，并入选《北京教育丛书》。率先在区内召开“让每个生命绿色成长”校长办学思想研讨会。

中蕴含的多种可能性的种子，顺势加以激发、引导、升华，让每个孩子都成长为最好的自己。

基于此，在北京小学翡翠城分校，我们倡导“绿色成长”的教育理念，坚持在教育的过程中关注学生的生命成长，并使其生命成长呈现出自然、自主、可持续的“绿色”形态。本着人人都能成功的学生观，在教育教学中时刻以欣赏的眼光看待学生的优点，以发展的眼光看待学生的缺点与不足，顺应孩子的天性，因势利导，发掘潜能，静听花开。

接纳：发现每个孩子的独特

死亡谷是美国最热、最干旱的地方，因没有生物能够生长而得名。2004 年冬天，死亡谷短期内降雨 180 毫米。2005 年春天，奇迹发生了，死亡谷开满了鲜花。这证明，死亡谷并没有死，它只是在沉睡，地底下其实埋了许多种子，在等待时机迸发而出。孩子的成长也是一样，如果我们给予他们足够的时间与机会，那么只要条件适合，他们的生命必然绽放。

我校有个男生，现在已经上五年级了。从入学起，他就表现出了一定的特殊性：书写很潦草，根本看不清楚；听讲不认真，注意力不能集中；语言交流存在障碍，一直生活在自己的世界里，医生给出的诊断是“轻微自闭症”。教过他的几任老师坦然接受他的“特殊”，无不给予他极大的耐心与期待——他字写不好，老师就手把手教他；他不和别人交流，师生们就主动和他聊天；他的小动作特别多，不能集中注意力，老师就发掘他的“内秀”，慢慢地，他的动手能力在同龄人中得以凸显。学校专门成立了“巧手翻绳坊”社团，让他任团长，他灵活多变的翻绳技艺让大家叹为观止。这个社团的孩子们在他的引领下，个个都成了小能手，社团被评为明星社团，在全区进行了展示。

在确定去欧洲游学的学生名单时，我们毫不犹豫地接受了他的申请。虽然学校可能因此要承担一定的风险——怕他不能自理、怕他走失，但我们认为，这次出访对他而言很难得，是一次离开家长、锻炼自我管理能力的机会。在整个出访过程中，我们不动声色地给予他更多的关注。虽然他经常丢三落四，但是他的懂事、大方、好脾气，让大家都非常愿意和他在一起。一天，他站在车下大口地啃面包，大家都以为他没有吃好早餐而关心地询问他，而他却认真地说：“这个面包明天就过保质期了，我要把它吃掉，不能浪费，我包里还有两个呢。”他的憨劲儿让我们忍俊不禁，多可爱的孩子啊。

如今，他的字写得依然让人看不清，他也依然不愿和别人多交流，但是他的个性成长得到大家的认可与赞赏，他没有因自己有些另类而被人嘲笑，他在翡翠城里快乐、简单地成长着。

学校在做好群体教育的同时，更应该给这些特殊的个体以特别的关注。面向全体追根究底还是要落实到面向每一个个体，看见孩子们的共性容易，发现和尊重每个孩子的独特性却很难。这需要教育者的智慧与坚持。我们坚持家访制度，班主任和任课教师一起去孩子家中，了解孩子的生活状态，求得家长支持，齐心协力、聚焦目标去解决问题。珍视每个生命个体，呵护每个生命的成长，这是我们“绿色成长”教育理念的本质追求！

顺应：发现每个孩子的未来

“橐驼非能使木寿且孳也，能顺木之天以致其性焉尔”。这是柳宗元《种树郭橐驼传》中讲的种树的道理：树木移栽的时候要像养育子女一样精心细致，若栽好后置于一旁，要像把它丢弃一样。树木的生长规律不受破坏，树木就能按照它的本性自然生长。种树如此，育人又何尝不是这样呢？

每个生命都是五颜六色的，各有各的精彩。我们经常见到一些孩子从入学起，某个学科的学习就存在障碍，如有的孩子今天刚认识的汉字第二天就忘了，无论老师怎么给他们“吃偏饭”，情况依然不见好转。我校二年级有一个男生，入学后数学就是学不好，每次考试都是十几分，家长为此十分苦恼，在经过反反复复的折腾后彻底丧失信心：“老师，您就别为孩子费心了。他也就这样了。”数学老师告诉家长：“您千万别灰心，我们再努力努力。孩子这种情况不是智商问题，我们要相信他，再耐心地等一等。”年轻的数学老师每天和颜悦色地和孩子聊天，课余时间给了他很多学业上的帮助，孩子的数学成绩终于慢慢有了变化：一年级期末考试及格了，二年级期末考试居然考了 96 分。日复一日不曾退减的对孩子的信任，日积月累对孩子的点拨帮助，终于创造了奇迹。孩子的父母哭成了泪人儿，他们泣不成声，感激与感动溢于言表。如果当初老师也和家长一起放弃了呢？我们不敢想象这个孩子会有怎样的现在和将来。

每个孩子都是家庭的希望，每个小生命都有自己的精彩和灿烂。顺应每个孩子的成长节奏，让他在原有基础上有所提升，这是值得我们一生去努力完成的使命。

在办学过程中，我们逐渐形成了这样的共识：即使孩子存在某一方面的不足，我们也不要让他失去做人的整个自信；我们没有给他们什么，改变他们什么，就不要再从他们身上拿走一些可贵的东西了。自信，对于一个人的一生来说太重要了。一个人如果在小学阶段就失去了自信，那么他一生都将直不起腰身做人，这是多么可怕的事情！眼见孩子的现在容易，发现孩子的未来不易。教师应该给孩子一生受用的东西，而不是只看一时或一面。我们的评价从来不单纯地把孩子们的学业成绩和教师的绩效挂钩，为的就是引领教师们将精力更多的用在育人上。引领教师用发展的眼光看每个孩子，避免因为孩子的某一阶段或某一方面不出色而影响了孩子一生的发展！

欣赏：发现每个孩子的潜质

增值性评价起源于詹姆斯·科尔曼1966年向美国国会提交的《关于教育机会平等性的报告》，简称“科尔曼报告”。增值性评价将每个学生的当前成绩与过去成绩进行比较，关注学生的进步和成长。这一评价方法改变了已往将学生的学业成绩与平均值或任意制定的标准进行比较的做法，提醒学校和教师，要从纵向上关照每个学生的发展和进步。

我校有个小女孩，任性、骄纵，经常乱发脾气。她周围的同学都被她打过，教她的老师也无一幸免地被她打过，她的牙印在班主任老师的胳膊上留了很长时间。但只要冷静下来，她又特别懂理，自己会主动承认错误。后来，我们跟家长沟通得知，她在家最小，有两个哥哥，二哥比她大18岁，家里人都宠着她，从小有求必应，这使她习惯了我行我素。

在看到她这些问题的同时，我们也看到了她擅长画画、喜欢读书的特点。我们“主动出击”——选举她当班级文艺委员，让她有足够的发挥的空间。读二年级时，班主任老师提议让她为班级准备节目，以备元旦上台表演。她真的行动起来了，选演员、排练、服装、音乐、场景，经过两个多月的忙碌，童话剧《绿野仙踪》真的登上了学校元旦文艺表演的舞台。她的潜质得以最大的发掘，那一刻的她是骄傲的，也是懂事的，是个有模有样的小导演。读三年级的她偶尔还会情绪波动，但明显懂事了许多：在家里，她会帮助妈妈做家务；在学校，尽量避免和同学发生矛盾。三年的成长，让她找到了更好的自己。

我校全体教师从内心欣赏每个孩子，运用增值性评价让孩子自己和自己比。学校设置多种平台，让更多的孩子从中找到了自信，共同生活在阳光下。看见孩子的表层容易，激发孩子的深层可能、让每一个生命都能绽放精彩不易，但教育的美丽不恰恰就在于此吗？

解放：发现孩子自己

全美最佳教师雷夫在《第56号教室的奇迹》一书中写道：“不管是教导学生还是子女，一定要时时从孩子的角度看事情，不要把让孩子害怕当成教育的捷径。”这话很经典。在现实的教育中，我们只是一味地让孩子们遵守规则，用各种方式限制他们，却没有耐心地给他们讲解为什么要这样做，这样做的结果会怎样。这不仅难以让学生养成好习惯，而且极易使学生滋生“两面派”的性格：在学校里言行有礼，走出校门就换成另一个人。我们简单粗暴，学生回馈给我们的必定是“短期行为”。因此，在出台一个规则之后，我们不能简单地强制孩子们去做，而要在生活中强化孩子们的行为，促使孩子由他律向自律转化。

学生在公共场所大声喧哗、在课堂上回答问题或喊或让人无法听清，这是常见的问题。受香港一所学校的启发，我们制定了一个“声量指标”（共分四级），把它们张贴在教室内、体育馆里、楼道内，告诉孩子们在听讲、发言、小组讨论、楼道、操场等不同场合应该有的说话声音高度，并通过校园电视台、在班会时间等进行播放演示。有人若做不到，大家就会伸出相应的指头告知。我们发现，这种做法效果很好。

其实，有时不是孩子们做不到，而是他们根本就不知道我们的要求是什么。什么叫“声音响亮”？他们认为大声喊就是响亮，可以不分场合地那样讲话；我们要求孩子不要“追跑打闹”，他们以为任何时候老实坐着不动就是好孩子。这实在是因为我们的教育太粗糙了，我们给的规范太笼统了，而孩子们需要的是切实可行的“分解动作”。

陶行知先生说，最好的教育是教学生自己做自己的先生。在没有人监管的情况下，孩子们依然做得很出色，这才是真正有了好习惯。在学校里，我们开放一切可以开放的物品，如图书、计算机、钢琴、画板、各种管乐器等，甚至将科技馆也搬到了楼道里，这增加了孩子们养成习惯的难度与管理的难度，但这是让孩子们自我教育、自我约束的“良丹妙药”。将物品束之高阁使得管理变得容易，看管住孩子使孩子的行为不越位容易，让孩子们发现自己、进行自我教育不易，但这恰恰是我们教育的重要目的之一。

子思在《中庸》开篇说：“天命之谓性，率性之谓道，修道之谓教”；老子说：“人法地，地法天，道法自然”，强调教育要崇尚自然，顺应儿童天性；杜威明确指出：“如果只是放任儿童的兴趣，让他无休止地继续下去，那就没有‘生长’，而‘生长’并不是消极的结果。”这其中道出了教育在生长中的影响与引领作用。一花一世界，学校里发生的每个教育故事，都深切地述说着“绿色成长”教育坚守的学生观：主张生命体的成长是内在生成的，教育必须在这个基础上对学生因势利导，激发他们内在的潜能，促进他们的发展。前者是一切教育活动的前提，后者体现出教育与管理的力量。这是从“看见”孩子到“发现”孩子艰难嬗变的必经通道。

（载于《中小学管理》杂志2014年第10期，编辑曾国华）

报道三　于燕飞校长

做一名有智慧的校长

何谓智慧？智慧就是产生新思想的思维能力。

何谓校长？有人说：校长是智慧的使者，是文明的桥梁，是心灵的火炬，是人格力量的重要来源。一个真正热爱和体验教育真谛的校长，是为能从事这样一种职业感到幸福自豪有智慧的人。古往今来，给校长这样崇高的评价，那是因为校长的角色所承担的责任和使命如此重要！宋朝张载说教育的责任和使命是：“为天地立心，

于燕飞，北京小学大连开发区华润·海中国分校校长，中高职称、辽宁省专家型校长、基础教育课程改革先进个人、辽宁省优秀教师、大连市优秀校长等，曾有36篇教育教学经验论文在国家级学术刊物发表。

为生民立命，为往圣继绝学，为万世开太平。”做一名有智慧、努力肩负起学校发展的责任和使命的校长，是我一生的跋涉与追求。那么，校长的智慧源于哪里？

一、校长的智慧源于宁静

校长要想高屋建瓴、高瞻远瞩、规划引领学校更好地向未来发展，必须保持一份宁静、淡泊的心胸。在功利浮华的社会中耐得住寂寞，禁得住诱惑。心不静，神不宁；神不宁，事不明。校长只有让自己的心先静下来，心胸开阔起来，视野里一片明朗，才会有清晰的工作思路。因为一个人只有在你心境宁静如水的时候，你的心力、智慧、灵感，才会处于活跃的状态，静水深流，只有在静中你创造的潜能才能得到最好的发挥。静能使你不断地调整自己、心态归零，博采众长，完善自我，走进自我，客观定位，找到满足自己快乐的人生梦想。而一旦失去了这份宁静，就会陷入浮躁的泥潭不能自拔，最终得到的只能是怅然失望。诸葛亮的“静以修身，俭以养德”，静，体现的是一个人的涵养，是一个人修身、为人处世的方法。佛家有禅静，道家有虚静，概莫如此。宁静的心志是校长的智慧之源，老子说：“不欲以静，天下将自定。”即只要我们自身“守静”、“无为”，学校就会相安无事，和谐发展。“守静”是防止轻率的根基，“无为”是遏制躁动的主宰。校长治校，如能恬静的读书，与经典为伍，与大师对话，与圣人握手；沉静的写作，既有札记，又有体会；安静的思考，反思、改进、提高；宁静的生活，抚琴书法，赏月品茶；娴静的游走，宠辱不惊，闲赏庭前花开花落，去留无意，笑看远山云卷云舒，层林尽染；构建你自己心灵的精神家园，你就会像《大学》中所说的“静而后能定，定而后能安，安而后能虑，虑而后能得”。你就会体验到人生最大的快乐和幸福，真正的幸福来自于内心的安详！永恒的宁静，是校长智慧的真正栖息之所，会使你从浮华走向沉静，从脆弱走向坚强，从骄躁走向谦虚，励精图治获得成功给予的那份慰藉。

二、校长的智慧源于悟性

校长的智慧源于悟性，系统思考是校长悟性的法宝。尼采说：“智慧就意味着孤独地沉思，用直觉悟察万物的本性。”这是哲学家所能达到的境界，他们都拥有安静的心灵。校长的“悟”就是校长重新认识自我的过程，就是思考学校全面工作的过程，校长只有经过不断地悟，不断地自我更新，不断地自我超越，才能站在一个崭新的台阶上，一步一步地引领学校更好的发展。校长的系统思考体现在四种境界：省悟是态度；领悟是素质；悔悟是境界；顿悟是智慧。如果拥有了省悟的态度，领悟的素质，悔悟的境界，顿悟的智慧，他一定会是有所建树的优秀校长。

（一）省悟是态度

省悟就是反思。校长要在反思中改进，在改进中提高，在提高中成长，在成长中发展。有人说，态度决定高度，态度决定深度，态度决定广度。还有人说态度是第一生产力。一名校长如果能满怀激情以积极的心态全身心地投入，不断主动地反思自己的工作，相信一定会成长得很快，领导的学校也会发展得很快。因为反思是一种有益的思维活动和再学习的方式，每一个人的成长都离不开反思。反思可以激活人的智慧，探索新的发展方向与方法，是我们成长的“催化剂”，是个人发展的重要基础。叶澜教授道出了反思的作用：“一个教师写一辈子教案难以成为名师，但如果写三年反思则有可能成为名师。”

对于我们校长来说，尤其是对经验的反思格外重要。美国教育家杜威说：“经验是一个不断变化的过程，经验的这个性质，不许有所谓的完整性和终极性。”波斯纳说：“没有反思的经验是狭隘的经验，至多只能形成肤浅的知识，如果校长仅仅满足于获得经验而不对经验进行深入的思考，那么他的发展将大受限制。”如果能够一直在反思中工作，也许会豁然开朗，取得一定的成果。反思要及时进行，只有及时进行反思，对自己当前的工作与学习状况进行总结，得出经验，找出不足，才能在下一次工作与学习时做得更好。如果能一直坚持进行反思，就一定会使自己不断地得到提高。亚里士多德说过：“智慧是经验加上反省的结果。”当你反省自己的经验，并从中汲取教训和智慧，你将从中学到意想不到的很多东西。因此，善于反思，及时总结的校长一定会永远处于主动发展的地位，在主动发展自己的同时成就学生、成就教师、成就学校更好的发展。结合自己多年的实践经验。我认为校长的反思主要从以下四个方面做起：

1. 闻鸡起舞的十分钟。每天早上醒来的时候，不要着急起床。让自己坐起来靠在松软的床头上，问自己三个问题：我今天最重要的三件事是什么？我应该如何完成它们？今天有什么事情让我期待和高兴？这样不仅能使我们清晰一天的主要目标，有条有序地开展新的工作，而且能让我们以快乐的心态对待生命中的每一天。

2. 静夜沉思的十分钟。夜深人静之时，你可以关掉一切声音，沏上一杯香茗，静静地坐在桌子前，问自己三个问题：我今天完成了确定的重要目标了吗？今天有什么经验和教训？今天让我最快乐的一件事是什么？这样做会让我们自己把当天的成功与失败都记录下来，能够更好地安排第二天的工作。

3. 养成记工作日记的习惯。写日志的过程就是一个思考反省的过程，把当天的工作收获、经验教训用文字的形式记录下来。然后时不时地拿出来读一读，对自己以后的工作计划，一定会有很大的帮助。

4. 养成学期总结工作的习惯。很多优秀的校长，每个学期结束都要认真地对学期工作进行全面深入思考的总结，总结要写得有理论价值。一方面，要抓主要矛盾，无论谈成绩或谈存在问题，都不要面面俱到；另一方面，对主要矛盾要进行深入细致的分析，谈成绩要写清怎么做的，为什么这样做，效果如何，经验是什么；谈存在的问题，要写清是什么问题，为什么会出现这种问题，其性质是什么，教训是什么。对一学期工作的反思，由感性认识上升到理性认识。在总结的过程中，你的方案就会得到补充完善；在思考之中，就会得到最佳、最优、最有效的方案和方法。发扬优势，克服不足，找出问题，制定对策，思前想后，完善调整学校的发展规划，使工作目标具体化，更好地付诸行动，从而使自己和学校工作少走弯路，多出效益。

（二）领悟是素质

领悟就是用心理解、领会、明白一些道理。一个有智慧的优秀校长一定是一个善于领悟的人。校长在学校工作中要全面地贯彻落实党的教育方针，必须深刻理解国家的政策方针，把握好办学方向，领会关于教育的最前沿的信息，明白学校应该培养什么人，怎么培养人，培养什么样的人才具有国际竞争的优势，才能适应21世纪全球经济对人才发展的需求。校长要能透过现象看到本质，明确目标，深刻的领悟会使校长有远见卓识，高屋建瓴的领导学校发展，在目标的达成过程中，分享苦中有乐的境界。教育改革日新月异，校长只有志存高远，在深刻的领悟思考中行动，学校才能不断进步。多思则多胜算，少思则少胜算，不思则无胜算。校长领导学校也莫不如此。

（三）悔悟是境界

曾子曰："吾日三省吾身。"成功的经验大多相似，失败的原因千差万别，校长如果能从自己失败的教训中反思改进，从中所悟到的东西，往往要比从成功的经验中学到的多，而且更为深刻。当然要求校长必须正确地做事，但是“人无完人，金无足赤”，再优秀的人也不可能一辈子没有失误，失误没有什么，关键是怎么悔改自己的失误。智慧的校长不仅努力地工作，而且在工作中勇于负责，特别是学校工作出现失误的时候，能主动勇于承担责任，不推卸责任，并积极主动带领全体员工寻找问题的原因，及时研究改进的对策，防止类似事情的再次发生。个人的经验教训虽然来得更直接、更真切，但其广度和深度毕竟是有限的。智慧校长要想获得更加广博而深刻的经验，还要在悔悟反思自身的基础上，善于从别人的经验教训中学习。成本最低的财富是把别人的教训当成自己的教训，取得同样的成功，避免同样的失误。因此，智慧的校长在反思自己、借鉴别人失误的同时，能渐悟则渐悟，千万不能执迷不悟。

（四）顿悟是智慧

有悟性的人能够在接触书面知识以及生活知识的瞬间顿悟出其深刻广泛的内涵，更能够把它与自己的工作和事务紧密地结合起来，形成自己新的独立思考的思路和方法，思路决定出路。

一个人的综合素养就这样来源于他对生活、工作、结果、过程，以及自然中的万事万物之理的敏锐深刻的感悟。在感悟中完善成长和发展，是校长获得成长壮大、充满智慧的一个重要方面。

阅读让生命更精彩，阅读学习、阅历丰富是顿悟的基础，阅读学习是提高个人修养和境界的最重要方式，阅历丰富是提升人生境界的必由之路。成功校长顿悟的智慧和胆识一定源于渊博的学识，精明的才智，做到“三更有梦书当枕，半床明月半床书”。校长的顿悟在于他的“精思”、“善做”、“重修养”。有空就读好书的好习惯一定会成就校长丰富多彩的教育人生。

校长要有自己的学习书库，要有自己系统学习的书目。处理好政务，要学习领导力学、管理学、校长学。学习领导力学，使校长成为一个善于用梦想、用理想、用激情激励团队的人；学习管理学，使校长成为一个不断将自己的办学思想办学理念内化成全校教职工的工作行为，落实在每一位教师每一天的课堂中教学中，物化在每一个孩子的身上，促进学生的全面发展，实现学校教育目标并不断取得工作成效；学习校长学，使校长成为一个专业化的办学人。领导学校业务，校长要学习脑科学、教育学、心理学、人才学，校长要构建以脑科学为基础，以教育学为框架，以人才学为方向的教育大厦。校长要抓好工具性的学习，学习文学、逻辑学、哲学。文学使人激情浪漫，逻辑学使人严谨周密，哲学是聪明学，使人工作系统而有智慧。校长要向实践学习，学习活跃在教育战线及其他行业的成功经验、榜样模范，通过尊贤学范，提高自己的管理素养。除此之外，校长要注意搞好拓展型的学习。学习伦理学、社会学、政治学、法学以及经济学，系统的方法论等，使所学的宝贵的知识和经验变成自己的智慧、方法和行动，通过顿悟的智慧更好地组织好学校教育，教育的终极目的，是使人一生走向幸福，校长要用自己的智慧，写就着幸福的教育学，成就着每一个学生的美好未来，成就着每一位教师的美好人生。

三、校长的智慧源于实践

毛泽东说："实践出真知，巧从实践来"。校长不能是坐而论道者，其成功的关键是要积极地行动起来，在行动中、在广泛的实践应用中，会使校长的智慧更加完善和丰富，也就变得更加睿智。在实践中，校长要有哲学家的睿智、经济学家的精明、军事家的灵活。哲学家的睿智，首先体现在其思维的思辨性和批判性，善于去粗取精，去伪存真，善于找出纷繁杂沓事物之间的内在联系，因事制宜，采取应对措施。其次是眼光长远，立体审视，善于把握大局与宏观。经济学家的精明，体现在办学目标上，把"为了学生的终身发展"作为自己办学的最大追求，把培养德智体美全面发展的、具有创新精神和实践能力的、能适应未来现代化国际竞争的人才作为自己获取的最大"利润"；注重节省教育成本，注意整合资源，在办学策略上注重师生的"双赢发展"。军事家的灵活体现在，为了使学校发展，要扬己之长，避己之短，因校制宜，灵活地选择自己的"长项"，有针对性的进行突破，千方百计的为学校寻找"生机"，创办出自己学校的特色，打出自己的品牌，成就一流的精品优质学校。

四、校长的智慧源于创新

创新会使校长更加智慧。校长的创新来自灵感，校长的灵感如云中朗月，青山远黛，它是来自于校长经验、经历、经过的沉淀与积累，来自于校长对生命对事物的感知，它是校长对自己所从事的教育教学工作感兴趣的问题的孜孜以求，是在冥思苦想之后，一个不经意的发现，诱发你一种新的思路的突然接通。做一名创新型有智慧的校长，是学校教育发展的活力渊源。校长要敢于标新立异，创办特色学校做到人无我有，人有我优；校长的创新必须以教育科研为基础，一个校长的成功之道是在满怀激情、全身心地投入到教育教学工作的同时，注入了理性和悟性，校长的理性和悟性是通过教育科研来提升的。校长的理性和悟性是创新的基础，是智慧的源泉，校长能够树立国际大教育观，拥有全球的视野去审视教育，以及有胆有识的开拓创新精神。校长要具备武训的办学精神，深层次地开发利用国内、国际最丰富的智力资源；要发扬陶行知的办学特色，在弘扬孔子的中华民族优秀传统教育思想的同时，吸收借鉴杜威、加德纳等西方先进的教育理念，中西合璧，融会贯通，情理相容，为培养具有创新精神和实践能力的现代国际人才不懈努力。

我经常用新加坡校长委任状上的一段话作为我们华润教师共同的座右铭共勉：你的手中是正在成长中的生命，每一个都如此不同，每一个都如此重要，他们全部对未来充满着憧憬和向往，他们全都依赖你的指引和塑造，才能成为最好的个人和有用的公民。

（载于《辅导员》，2013 年第 9 期）

报道四 王敏校长

简简单单教数学

删繁就简三秋树，领异标新二月花。

——郑板桥

简是一种生活工作方式，简单是一种境界。古往今来，能真正做到简单者，必是不简单之人。简简单单教数学，对于数学教师来说并不简单，这并不意味着敷衍了事，而更需要教师深钻教材、研究教法，读懂学生，明确目标，具备更高超的课堂驾驭能力。如果我们把教数学根植于“简单”这块沃土，专心研究数学教学，我们的数学课堂就会生机勃勃。

简简单单教数学，便意味着在课堂上就要有所“舍”，有所“不为”。

简单是一种资格。能够简简单单教数学的教师，一定具有精湛的教学技艺，否则课堂上演绎的简单苍白无力。当前新课标对数学

王敏，北京小学大兴分校校长，特级教师，中高职称。北京市小学数学学科带头人，吴正宪小学数学教师工作站成员。教育部中小学教师继续教育网特聘专家，北京师范大学明德项目特聘专家，“国培计划”小学数学特聘专家。北京市小学数学教学大赛一等奖，分别发表论文、案例60余篇，两次荣获“北京市优秀教师”称号。

教学提出来的目标要求、能力要求、情感态度价值观等方面的要求很全面，我们是不是要在一堂课上浮光掠影，全部扫描一遍呢？很显然不是，我们所遴选的目标要简明、准确。“弱水三千，只取一瓢”，舍弃“面面俱到”，实现“一课一得”足已。这是有一定功底的教师才能做到的。

简单是一种艺术。简简单单教数学并不是单纯地删减一定的教学内容，剔除一些教学环节，减少老师表述。课堂应该是简约的，教学内容加点累赘，删点拖沓。数学讲究知识体系，有的时候一个大知识点可能会涉及很多细小的知识末梢。我们不能蜻蜓点水、隔靴搔痒，应该把复杂的变为简单的。“删繁就简，领异标新”，舍弃“贪多求全”，“伤其十指，不如断其一指”。课上时间有限，因此选择学习内容，尤为重要。真正达到为数学课堂“剪枝”的目的。舍我其谁？这就需要数学教师有扎实的专业知识为基础。

简单是一种智慧。数学，具有变复杂为简单的功效。因此，数学课堂更应追寻简单而有效。为什么教师总是那么累？因为他放不下学生；为什么教师课堂上总在喋喋不休地讲，因为他不相信学生。数学知识本身就是抽象的，如果教师再施以更复杂的课堂教学，学生只能望尘莫及了。“难得糊涂，大智若愚”，舍弃“教师中心说”，实现“学生中心说”。教师简单点儿，学生自然就要多想点儿，想得深一点儿；教师静下来，学生才能动起来。这才是教师的智慧。

“数学可以有不同的讲法。看清了问题的实质，就能把难的变成容易的，把高等的变成初等的。就能把‘过去曾经使成年人困惑的问题’，变得‘孩子们都容易理解’。”（张景中语）在乱花依旧迷人眼的当下，用简单挑战自我，让我们简简单单教数学，还学生以轻松的数学课堂，感受数学的魅力，体味数学的乐趣！

（选自王敏专著《简简单单教数学》前言）

点评　大道至简　智慧育人

王敏老师著写的《简简单单教数学》这本书付梓问世，标志着大兴区又一位名师走向成熟，也标志着大兴区名师工作室队伍中一面新旗帜的崛起。

教育大计，教师为本。教育事业发展的关键在教师。有好的教师，才有好的教育。《国家中长期教育改革和发展规划纲要(2010—2020年)》中明确提出要“提升教师素质，努力造就一支师德高尚、业务精湛、结构合理、充满活力的高素质专业化教师队伍”。近年来，大兴区着眼于教师的专业成长，通过有计划地实施学科教师基本功、班主任基本功达标考核工程，夯实全体教师的专业根基；开展“新星杯”青年教师课堂教学比武活动，抓实青年教师的专业培养；依托“名师讲学、同伴研修、学案导学、课题教研”等多种教研形式，实战历练教师，促进区内骨干教师的成长。科学、合理、专业化的教师队伍梯次建设格局已经形成。

在整体提升的同时，名师队伍也在壮大。从最初的吴正宪小学数学教师工作站大兴分站，到现在拥有21个学科的名师工作室，名师培养的路径拓宽了，教坛新秀们正在崭露头角。

王敏老师最早在吴正宪小学数学教师工作站接受特级教师吴正宪的指导。具有扎实教学基本功的她勤奋好学，在专家的带领下，专业成长速度非常快。由学习模仿、移植借鉴，到实践反思、创造提升、自成一家。她的专业水平和执教能力日渐纯熟，教学实践经验丰富，形成了自己的一套教学理念，在小学数学教学领域具有一定的影响力；同时，在参与“名师讲学团”“送教下乡”活动中，她深入全区各小学送课指导，为全区小学数学教师的专业发展起到了辐射和带动作用。

名师就是一个火种，通过他们的辐射，可以照亮一片天空。目前，王敏老师是大兴区成立的名师工作室中的一位指导教师，正带领着一批青年教师向着“名师”的目标冲刺。

《简简单单教数学》这本著作，通过“净心”“用心”“专心”“慧心”“潜心”五个章节，阐述了王敏老师的从教经历、教学实践、经验所得，是其教学智慧的结晶、教学思想的集中体现，对于其他教师，具有很好的参考借鉴价值和指导意义。希望通过王敏老师的这本著作，可以让名师的教育智慧更加闪亮，让名师的火种传播得更远。也希望各位青年教师们多向名师学习，以名师为榜样，勤学善研，精思笃行，不断探索，大胆研究，逐步形成自己的教学特色，早日成为在大兴区、北京市乃至全国都具有影响力的名师！

北京市大兴区委办公室主任

李　达

2012 年 4 月

报道五　肖凯校长

我们学校有部“基本法”

题记：科学建设学校章程，使学校从管理走向治理，从人治走向法治。

依法治校是建设现代学校制度、构建新型政校关系的根本保障。按照法律至上的原则，依据章程自主管理是学校的法定权利，“章程上承国家教育法律法规、下启学校管理规章制度”的独特性已经使其成为现代学校依法治校的法理基础。

树德小学是四川省成都市成华区一所新建学校。短短 5 年间，我们通过学校章程的建设，内部治理能力大幅提高，学校整体办学水平实现了不小的提升。

肖凯，成都市树德小学校长，高级职称，四川省省级骨干教师，成都市市级学科带头人，成华区名师工作室领衔名师，中国教育学会中小学整体改革专委会理事，多次荣获省市政府教育科研成果奖获。

认识“基本法”价值的三部曲

在办学过程中，我们迫切感受到了尊重章程，确保教育教学活动有法可依、有章可循的重要性。

一方面，与传统学校自上而下的管理模式相比，现代化学校强调建设新型的治理体系，强调政府、学校与社会多方面的参与和互动。这就需要发挥章程的“学校基本法”功能，对各方利益相关者进行权责的约定，从而形成以“依法办学、自主管理、民主监督、社会参与”为基本框架的现代学校治理体系。

另一方面，今天教育已经冲破学校的樊篱，学校教育、家庭教育、社会教育以及自我教育的有机结合正促使我们步入“大教育”的时代。在这个时候，我们如何将这些正式和非正式的教育资源进行整合与协调，让各种教育力量和资源在法治的框架下进行必要的协同与整合，从而形成教育的合力，也需要学校章程的建构。

自树德小学章程建设启动以来，四易其稿。其间，我们对章程价值的认识不断深化。

起初，我们认为章程就是“管理制度的汇集”，要解决的就是学校内部管理流程“怎样执行”“怎样理顺”的问题。于是在校长的带领下，所有管理人员参与了章程的制定：进行学校规划设计、梳理相关部门工作职责、修改岗位责任制度、制定新岗教师研培措施、绘制常规管理流程，等等。“规章 + 制度 + 流程”成为了章程的第一个雏形。

然而，随着对依法治校观念的深入理解，我们开始聚焦于章程的法理特性。为了弥补学校自身对教育相关法律研究的不足，我们请来专家，在他们的帮助下，更多地思考法律赋予了学校哪些“自主管理”的权责；同时充分借鉴教育发达地区的经验，研究如何把“各方的权利运行规则”写“规范”。

在此阶段，我们发现章程并非简单的制度汇集，而是在相关法律基础上，校长、教师、家长、学生乃至政府部门共同遵守的基本准则，是服务学校自主发展的规则。像原来的章程里，关于校长负责制的条款是这样规定的：“校长是行政负责人，对学校工作全面负责。”后来，修改为“校长是学校的法定代表人，对外代表学校，按照本章程自主管理学校”。新的表述，对校长的权利范围作了更加清楚的规定。校长在工作中必须遵守这一基本准则，其他各方也可以按这个规定来监督校长在工作中是否缺位、是否越位。

现在，我们认为章程是“现代化办学的标志”。进入2014年，历经数月的咨询、查阅与修订，我们发现，自身的固步自封成了章程进一步完善的“门槛”。于是，学校一改“闭门会议”的方式，采用“开放研讨”的策略，教师、家长、社区人员、教育行政官员先后受邀参与到章程内容的研讨中。大家一道追问：教育现代化有着怎样的特征？学校应秉持怎样的现代办学理念……

尤其是在听取关于“学生与家长权责”意见时，有家长代表提出，“学校应当鼓励家长为学校教育提供支持”，“家长不能干涉和影响学校教师的正常教学”等话题，激发了多方参会者的讨论和碰撞。这样的过程，正是各方教育观念逐步契合的过程，此时，章程的研制成为一场反思教育功能、深化学校现代制度的改革，也让我们站在了教育观念现代化的新起点上。

诞生良法的“三个关键”

依法治校，其前提条件是“科学立法”。先有良法，才有善治。几年的实践，让我们感到，章程建设要抓好“三个关键”。

一是章程的合法性。章程作为依法办学、自主管理的前提，必须以相关法律为依据。如今，对《教育法》、《义务教育法》、《教师法》、《未成年人保护法》、《劳动合同法》等法律法规的研读已经成为我们团队的必修课，学校也邀请了相关法律专家进行指导，做到逐条逐款有法可依。

程序合法是保障章程合法性的前提条件。在研制章程时，校长、教师、家长、社区等各方代表，都能民主地参与制定和研讨。学校的章程也明确规定：“规章制度的立、改、废均依照民主程序进行。”“本章程经学校教职工（代表）大会审议，校务委员会通过，并经教育局同意备案之日起实施。”“本章程的修订由校务委员会或1/3以上教职工（代表）大会代表提议方可进行。”

二是章程的科学性。主要表现在：其一，定位合理。章程的定位必须与学校的办学定位相匹配，确保其可行性。其二，立足校本。章程是涉及学校教育相关方的共同准则，要充分依靠校本力量。例如，关于校务委员会成员组成的条款，起草小组成员围绕“学生代表、友邻单位代表、社区代表是否进入？怎样进入？”和“如何确立校务委员会与校务办公会的职能？”等，前后四稿有多种不同的意见，在行政、教师、家长等多方反复论证下才逐步明确了适合我们学校治理体系的人员构成和参与讨论事项。其三，力求准确、规范。像原来章程中对于学校自主管理条款中，规定“任何组织和个人不得干预学校贯彻执行本章程”，经过参照《教育法》第28条规定，调整为“任何组织和个人不得非法干涉学校贯彻执行本章程”。表述的准确规范，确保了章程的严肃性和权威性。

三是章程的前瞻性。章程的确立不仅要考虑可行性，也要考虑持续性，要适应未来发展的需要。同时还要为后任管理者留出相应的“自主空间”。

有专家给我们指出：在制定与教师权利相关的条款中，应该注重与之配套的后续管理制度的可行性与发展性，有时候条款过于细碎反而会给后续发展产生障碍，也不利于在自主管理环节中产生创新性的管理思路。同样，在校长职权中原有的“校长组织制定学校章程”改为“校长领导草拟或修改学校章程”，也是为了保证后续发展与完善的需要。

讲秩序、讲规则的法治精神改变了我们

从人治到法治意识的逐步转变，是校长在章程建设中获得的最直接的感受。章程，不仅使校长的法人代表角色日渐具体化，而且使我们自觉或不自觉地运用法治思维，对校园事务进行识别、判断与决策。

2013 年 12 月，学校打算向政府申报校园文化建设项目。当时，我们通过章程的建设，开始意识到应该保护教师参与学校民主管理的合法权益。于是，学校决定跳出单一依靠行政会集体决策的人治的旧框框，转而首先面向全校教师公开征集学校功能室建设的各种意见和建议，并邀请教师参与方案的论证与修改，鼓励老师以主人翁的姿态参与监督与建议，确保教师对学校重大事项的知情权。事实证明，法治意识的落实，让我们能够集思广益，有效确保师生的法定权利。

同时，随着学校章程的深化研究，在政府、学校、教师、家庭、社会乃至学生互动参与的治理体系中，学校行政人员的角色正在从领导转向引领。有一次，学校与社区开展了一个德育活动。过去，此类活动往往是由学校分管德育的行政人员进行设计并逐层布置，行政人员享有充分的领导话语权。而在这次德育活动中，我们打破了原有的上下级管理方式，按照章程规定，让社区、学校、企业、家庭共同协作、参与。此时，学校行政人员只是承担穿针引线

和德育专业的引领者角色，从学校教育需求的角度，将各方的优势资源进行协同整合。这样的角色转变，为学校后续管理机制的改革奠定了必要基础。

在学校章程的制定与研讨中，教师广泛参与，他们的教育观念也有了很大转变。我们能从“80 后”“90 后”教师那里听见诸如“学生的未来会是什么样子”“什么样的制度才是合理的”“什么样的家长才是优秀的”……这些最为真实的思考。章程的建设，成为激发教师用民主方式进行专业研讨与反思的契机，对于我们这所新建学校而言，有着无比重要的战略意义。

（载于《人民教育》，2014 年第 24 期）

附　录 | 影响自主办学经典著作摘录

一、《马克思的人学思想》

（袁贵仁著，北京师范大学出版社 1995 年版）

——“《共产党宣言》把人的发展概括为‘每个人的自由发展是一切人自由发展的条件’。《资本论》认为每个人的全面而自由的发展是共产主义的基本原则。”/第 276 页

——“人的最根本的东西，在马克思看来，就是人的本质。马克思所讲的人的发展实际上是人的本质力量的发展。”/第 276 页

——“马克思认为，作为类存在物，人是劳动的产物，也是劳动的主体。劳动是人和动物的最后的、本质的区别。”/第 276 页

——“人只有通过劳动在改造客观世界的同时才能改造自己本身，在劳动发展中获得自身的发展。在这个意义上，人的发展实质上就是人的劳动的发展、人的劳动能力的发展。”/第 277 页

——“在其现实上，人的本质是一切社会关系的总和。这是马克思 1845 年在《关于费尔巴哈的提纲》中关于人的本质的又一科

学论断。马克思指出，人是社会关系的产物和社会关系的主体。人的发展就是人的社会关系的发展，就是人的社会交往的普遍性和人对社会关系的控制程度的发展。”/第 277 页

——“人是自然、社会和精神的统一体。这是马克思对人性的科学概括，是马克思关于‘完整的人’的基本特性的科学描述。马克思指出，人是世界上最复杂的存在物。人是由自然因素、社会因素和精神因素构成的有机整体。人的发展就是在社会实践基础上人的自然素质、社会素质和心理素质的发展，就是在人的各种素质综合作用的基础上人的个性的发展。”/第 277 页

——“马克思看到，在很长的历史时期内，人类社会的发展是靠牺牲个人发展为代价的。马克思所面临的历史任务就是揭示社会发展规律，探讨个人发展的途径，寻求个人发展和社会发展相统一的方法，最后他得出的结论是：‘要不是每一个人都得到解放，社会本身也不能得到解放’；‘私有制只有在个人得到全面发展的条件下才能消灭’；共产主义是‘以每个人的全面而自由的发展为基本原则的社会形式’。”/第 278 页

——“人的个性就是人的个体性，就是人作为社会历史活动主体和他人相比的不同特性。它是个人的生理素质、心理素质和社会素质在不同社会生活领域中的集中表现。人的本质力量的发展集中体现在人的个性发展上。”/第 288 页

——“马克思在肯定人是劳动的产物、社会关系的产物的同

时，又强调人是劳动的主体、社会关系的主体，侧重从人的作用的角度揭示人的本质，说明人在劳动、社会关系中的地位。马克思一再说‘人始终是主体’，‘主体是人，客体是自然’。主体性在一定意义上可以说是人的最本质的属性。”/第 98 页

——“马克思关于主体的能动性、自主性和自为性的论述是相互联系着的。能动性侧重于主体能力，自主性侧重于主体权利，自为性侧重于主体目的，只有三者的结合和统一，才是完整的主体和真正的主体性。”/第 112 页

——“只有当人具有主体意识、主体能力并现实地作用于客体的时候，他才能成为活动主体，具有主体性。”/第 116 页

——“对马克思的人的概念也可以这样理解：人性是人的本质的第一层次，是最低的层次；劳动和社会关系是人的本质的第二层次，是中心层次；人的主体性是人的本质的第三层次，也是最高层次。这是人的本质在内在逻辑，也是人类关于人的本质认识的顺序。”/第 121 页

——“人格是人的主体性在主体身上的集中表现，是人作为活动主体的一种资格。”/第 125 页

——“道德人格。在伦理学范围内，人格通常被理解为道德人格，指人的道德品质，相当于‘人的品格’。”/第 125 页

——“心理人格。人格也是心理学、教育学的主要范畴，在心理学家、教育学家那里，人格和个性等同，指个人的心理面貌、心

理‘格局’，个人所具有的心理特征的总和。”/第 125 页

——“法律人格。在法学中，人格是人的一种权利，即‘人格权’，表示法律给予保障的与法律主体不可分享的权利，也就是作为权利和义务主体的‘人的资格’。‘尊重人格’、‘不准侮辱人格’中的‘人格’，就是法律人格。”/第 125 页

——“在马克思的人学思想中，人格和尊严是连在一起的，尊严实际上就是人格尊严。马克思关于人的尊严的论述也反映了马克思的人格思想。什么叫人的尊严？马克思说，尊严就是能够表现人的主体品格并由此受到人们尊崇的主体地位，‘尊严就是最能使人高尚起来、使他的活动和他的一切努力具有崇高品质的东西，就是使他无可非议、受到众人钦佩并高出于众人之上的东西’。”/第 126 页

——“什么样的活动能给人以尊严呢？那就是自由自觉的主体活动，‘能给人以尊严的只有这样的职业，在从事这种职业时我们不是作为奴隶般的工具，而是在自己的领域内独立地进行创造。’（《马克思恩格斯全集》第 40 卷第 6 页）而相反，在资本主义条件下，‘人的尊严变成了交换价值’。‘资产阶级抹去了一切向来受人尊崇和令人敬畏的职业的灵光’。”/第 127 页

——“在马克思看来，人格是人在社会生活中的主体身份、主体地位、主体资格。人只有作为主体才有人格，人只有具有独立人格才能成为真正的主体。”/第 127 页

——“马克思人学思想中所说的个性是同人的主体性联系在一起的。个性是人的主体性的个体表现。具有个性的必然是能动地创造世界的主体。人的主体性越强，其个体性就越强。一个人有无个性或个性的强弱，总是以他有无创造精神或创造精神的高低为标准的。”/第131页

——“人的个性发展对于一个充满活力的社会是不可缺少的。个性解放也是人类的解放，个性的发展也就是社会的发展。共产主义社会就是一个个性充分和自由发挥的社会。”/第136页

——“人权是人的基本权利。所谓‘权利’，实际上是对一定社会经济条件下人们的一定行为及其方式的价值确认，它表现‘人在社会中的地位’，体现一定的价值观。不同时代、不同阶级有不同的价值观，自然也有不同的人权观。”/第190页

——“在马克思看来，个人人权固然重要，且受法律保护，但集体人权也同样重要，也要受到保护。因为，个人是社会关系中的个人；个人发展离不开集体的发展；个人的自由只有在集体中才能实现。如果说没有个人人权就没有集体人权，那么反过来也一样，没有集体人权也就没有个人人权。个人人权是集体人权的体现，集体人权是个人人权的基础和保障。”/第199页

——“《共产党宣言》中所提出的‘每个人的自由发展是一切人的自由发展的条件’的著名论断，非常科学地说明了这种集体中的个人人权和集体人权的一致、融洽关系。”/第201页

——“马克思认为，权利与义务是不可分割的，没有义务的‘人权’只能是阶级特权；没有权利的‘义务’只能是阶级压迫和奴役。只有权利与义务的不可分割的结合，才是真正的人权。”/第202页

——“根据马克思和恩格斯的论述，人的自由可以看作是人在活动中通过认识和利用必然表现出的一种自觉、自为、自主的状态，自由活动就是自觉的、自为的、自主的活动。”/第215页

——“自由不是主体的随心所欲、为所欲为，而是主体和客体的统一，是权利和义务的统一，是自由和责任的统一。”/第217页

二、《学会生存——教育世界的今天与明天》

（联合国科教文组织，1972年发布；教育科学出版社1996年版）

《学会生存》被誉为当代教育思想发展的“里程牌”，是国际教育委员会主席埃德加·富尔组织撰写的报告书，1972年5月成书，先后译成33种文字在全世界发行。1996年为纪念联合国科教文组织成立50周年，中国教育科学出版社推出“联合国科教文组织教育丛书”在国内发行。

——“唯有全面的终身教育才能够培养完善的人，而这种需要正随着使个人分裂的日益严重的紧张状态而逐渐增加。我们再也不

能刻苦地一劳永逸地获取知识了，而需要终身学习如何去建立一个不断演进的知识体系”。/第2页

——“现代的民主教育要求恢复人类求知的自然动力。同时，这种教育还应撤销文凭与就业之间的机械联系，因为这不是许多国家，甚至工业化国家的经济经常所能办到的。”/第11页

——“在许多国家里，那种学院式至今还受到高度重视，而且在一定社会的和短暂的环境中还产生过人们所期望的结果。但是今天看来，不仅就工人阶级来说，甚至从实用上考虑对资产阶级青年来说（这种模式根本是为他们设计的），这种学院模式已经过时和陈旧了。它顽固地维持着前几代人的怪癖。它过分地依赖理论和记忆。它给予传统的、书面的和复述的表达方式以特殊的地位，损害了口语的表达、自发精神和创造性的研究。”/第12页

——“教育的目的在于使人成为他自己，‘变成他自己’。而这个教育的目的，就它同就业和经济进展的关系而言，不应培养青年人和成人从事一种特定的、终身不变的职业，而应培养他们有能力在各种专业中尽可能多地流动并永远刺激他们自我学习和培训自己的欲望。”/第14页

——“中国的教育体系开始时比任何其他地方的教育都较为开放和自由；这种教育体系受国家委托担任培训官员的任务。这种教育体系对于一个人养成思想与行为的和谐一致，是有成效的。可是后来由于过分强调形式主义和严格的考试评分制度，而使这种教育

体系变得死板和僵化了。”／第 29 页

——“这个教育体系难以适应日益发展的社会需要。它所教育出来的人并没有受到恰当的训练，因而不能适应社会的变化。当这种体系所授予的资格和技术不能满足社会的要求时，这些社会便拒绝接受这些毕业生。”／第 37 页

——“现代教育的实质在于追求良好的生活质量，这就为贫困的而在物质上落后的社会提供了新的希望和机会。如果一个发展中国家具有正确的教育，它就可以得到满足、和谐和互相了解，而这些方面是一个比较富裕的共同体所不理解的。的确，在最终缩小富裕与贫穷的差距上，教育可能是最有力的因素，而现在这种贫富差距按每人的收入来说，扩大得非常惊人。”／第 56 页

——“影响一个人内心精神状态的教育革命，堪与人类在外界空间的那些眼花缭乱的成就相比。如何把科学和精神结合起来，这是对那些追求更新教育的人们所提出的主要挑战。”／第 56 页

——“很久以来，教育的任务就是为一种刻板的职能、固定的情境、一时的生存、一种特殊行业或特定的职位作好准备。教育灌输着属于古旧范畴的传统知识。这种见解至今仍然十分流行。然而，那种想在早年时期一劳永逸地获得一套终身有用的知识或技术的想法已经过时了。传统教育的这个根本准则正在崩溃。”／第 98 页

——“教育有两个根本弱点，往往使教育成了一个难于对付的

工头。如果我们承认这两个弱点，教育学就能得到大大的改善。第一个弱点是它忽视了（不是单纯地否认）个人所具有的微妙而复杂的作用，忽视了个人所具有的各式各样的表达形式和手段。第二个弱点是它不考虑各种不同的个性、气质、期望和才能。”/第105页

——“尽管呆板的、形式主义的和丧失个性的考试制度在教育过程的每一个阶段上都造成了损害，但除了极少的例外和一些临时性的实验以外，这种考试制度仍然到处都在采用。这种考试制度所产生的问题，只有遵循终身教育的路线，把教育过程的结构进行彻底改造时，才能得到真正的解决。”/第107页

——“从终身教育的立场和当前人类知识的现状来看，把教师称为“师长”（Masters）（不管我们给这个名词一个什么意义），这是越来越滥用名词。教师的职责现在已经越来越少地传递知识，而越来越多地激励思考；除了他的正式职能以外，他将越来越成为一位顾问，一位交换思考的参加者，一位帮助发现矛盾论点而不是拿出现成真理的人。”/第108页

——“许多教育实践失灵，使教育革新成为必需进行之事。社会经济的变化与科学技术的革新，使教育革新成为迫切需要着手进行之事。教育科学的研究、教育技术的进步以及世界人民的不断觉醒，使教育革新成为可能之事。”/第139页

——“大学应把一种培训人的科学称为‘终身教育学’，如有些大学业已实行的那样。这门科学之所以应该称为‘终身教育学’

而不是‘教育学’，因为教育的目的不再是训练儿童和青少年，而是使人终身受教育。”/第 151 页

——“教育能够是，而且必然是一种解放。在解放教育中，教育工作者并没有完整的知识而只有可以认知的对象，而这种对象在认知过程中作为主体把教育者和受教育者联系起来。在驯化教育的实践中，教育工作者总是受教育者的教育者。在解放教育的过程中，教育工作者作为受教育的教育者必须死去，以便作为受教育的受教育者重新‘诞生’。”/第 176 页

——“终身教育这个概念，从个人和社会的观点来看，已经包括整个教育过程了。它首先关心儿童教育，帮助儿童过着他应有的生活。同时它的主要使命是培养未来的成人，使他准备去从事各种形式的自治和自学。”/第 180 页

——“心理学研究指出：人是一个未完成的动物，并且只有通过经常地学习，才能完善他自己。如果确实是如此，那末教育就要终生进行，要在所有现存的情况和环境中进行。这样，教育就会体现它的真正本性，即完整的和终身的教育，而超越千百年来硬加在它上面的各种机构上、程序上和方法上的限制。”/第 181 页

——“教育，如果象过去一样，局限于按照某些预定的组织规划、需要和见解去训练未来社会的领袖，或想一劳永逸地培养一定规格的青年，这是不可能的了。教育已不再是某些杰出人才的特权或某一特定年龄的规定活动：教育正在日益向着包括整个社会和个

人终身的方向发展。”/第 199 页

——“未来的学校必须把教育的对象变成自己教育自己的主体。受教育的人必须成为教育他自己的人；别人的教育必须成为这个人自己的教育。这种个人同他自己的关系的根本转变，是今后几十年内科学与技术革命中教育所面临的最困难的一个问题。”/第 200 页

——“社会与教育的关系，在其性质方面，正在发生变化。一个社会既然赋予教育这样重要的地位和这样崇高的价值，那末这个社会就应该有一个它应有的名称——我们称之为“学习化的社会”。这样一个社会的出现，只能把它理解为一个教育与社会、政治与经济组织（包括家庭单位与公民生活）密切交织的过程。这就是说，每一个公民享有在任何情况之下都可以自由取得学习、训练和培养自己的各种手段，因此，从他自己的教育而言，它将基本上处于一个完全不同的地位。教育不再是一种义务，而是一种责任了。”/第 202 页

——“当我们一旦承认，现在是扩大当前的教育体系，选择其他途径或代替办法的时候，我们就会立即发现在这个共同体的日常生活中，即在经济与行政结构中、在大众媒体中、在工作与家庭生活中，有着丰富的教育财富。为了把这种潜能变成现实，我们就必须采纳和应用一种新型的策略。采用各种可供选择的教育策略，这应是当前时代的特色。”/第 216 页

——“**教育政策的指导原则：**每一个人必须终身继续不断地学习。终身教育是学习化社会的基石。**建议：**我们建议把终身教育作为发达国家和发展中国家在今后若干年内制订教育政策的主导思想。”/第 223 页

——“**总的前景·原则：**必须在空间和时间上重新分配教学活动，从而在教育中恢复生活经验的各个方面。**建议：**教育的机构和手段必须大大增加，使人们比较容易得到教育，使个人有尽可能多的选择机会。教育必须具有真正群众运动的方式。”/第 224 页

——“**在教育机构中减少形式主义·原则：**我们应该通过多种多样的手段去传播和获得教育。重要的不是一个人走什么道路，而是他已经学到了什么，获得了什么。**建议：**每一个人应该能够在一个比较灵活的范围内，比较自由地选择他的道路。如果他离开这个教育体系，他也不至于被迫终身放弃利用各种教育设施的权利。”/第 227 页

——“**流动性与选择·原则：**一个全面的开放教育体系帮助学习者在这个体系中能够纵横移动，并扩大他们可能得到的选择范围。**建议：**在不同的教育学科、课程、等级之间，在正规教育与非正规教育之间，一切人为的、过时的障碍，都应一律加以废除。更新教育应该逐步施行，并且要使一些积极的居民优先获得这种更新教育。”/第 230 页

——“**学前教育·原则：**学前儿童教育是任何教育政策与文化

政策的主要先决条件。**建议：**学前儿童教育的发展应成为 70 年代教育策略的主要目标之一。”/第 232 页

——“**基础教育·原则：**我们必须保证所有的儿童有接受基础教育的实际可能性。如果可能，就用全日制；如果必要，就用其他形式。**建议：**根据需要与可能，采用多种多样的形式，进行普及的基础教育。这一点应放到 70 年代教育政策的头等优先地位。”/第 234 页

——“**扩大普通教育·原则：**普通教育的理念必须显著地加以扩大，使它明确地包括社会经济方面的、技术方面的和实践方面的普通知识。**建议：**不同类型的教学——普通的、科学的、技术的和专业的教学之间的那种严格的区别必须加以废除；而教育，从初等阶段到中等阶段，必须同时成为理论的、技术的、实践的和手工的教育。”/第 237 页

——“**最大的职业流动性·原则：**为人们投入工作和实际生活作准备的教育，其目的应该较多地注意到把青年人培养成能够适应多种多样的职务，不断地发展他的能力，使他能跟得上不断改进的生产方法和工作条件，而较少地注意到训练他专门从事某一项手艺或某一种专业实践。这种教育应该帮助青年人在谋求职业时有最适度的流动性，便于他从一个职业转换到另一职业或从一个职业的一部分转换到另一部分。**建议：**职业和技术训练学院的发展必须和中学教育体系结合起来。这类学校在教学之后，必须继之以工作现场

的实践训练。这一切尤其应该通过更新教育和职业训练来完成。”/第 239 页

——“**工商业的教育作用·原则：**终身教育，从这个名词的全面意义来讲，是指商业、工业和农业的机构都具有广泛的教育功能。**建议：**我们必须努力填补教育机关和企业公司之间在许多场合仍能见到的鸿沟，因为后者是全面教育体系的关键因素。企业公司的作用不应限于训练工人，而且应尽可能地扩大到训练技术员和研究员。”/第 240 页

——“**高等教育的多样化·原则：**高等教育的扩充导致广泛地设置许多能够满足个人与集体日益增长的需要的高等院校。**建议：**在整个中学以后的教育体系中，它的结构、教材和学生类别都必须十分广泛地多样化。”/第 242 页

——“**选拔的标准·原则：**一个人应该接受哪一类教育，应该从事哪一种专业；这只应取决于这个人的知识、能力与才能，而不应取决于他在学校里所获得的知识是高于还是低于他在职业中或自学中的实际经验。**建议：**由于教育体系变得更加多样化，入学、退学和再入学的可能性增加了，因此取得大学的学位和文凭同修完规定的学业课程之间就越来越没有什么关系了。考试主要应该当作一种手段，用来比较出身不同的个人在各种不同的条件下所得到的技能。所以考试不是一个结论而是一个起点的标志，它帮助每一个人估计他自己的学习方法的效率。评定的手续应象衡量一个人是否符

合外在标准一样衡量他的进步。”/第124页

——“**自学·原则：**新的教育精神使个人成为他自己文化进步的主人和创造者。自学，尤其是在帮助下的自学，在任何教育体系中，都具有无可替代的价值。**建议：**应该建立一些新的机构和服务设施以帮助人们自己教育自己。而这些机构和服务设施应该结合到所有的教育体系中去。这类机构和设施有：语言实验室、技术训练实验室、问讯处、图书馆以及有关的服务站、资料库、程序教学与个人教学的辅助器、直观教具等等。”/第252页

——“**新技术的应用·原则：**新技术在教育方面广泛而有效的应用，只有在教育体系内部发生了足够的变化时，才有可能。**建议：**一是要改变教师的训练计划，以便教师能够发挥新技术强加在他身上的各种作用和职能；二是要在教育预算中为合理发展尖端技术保留固定的增加部分”。/第256页

——“**教师的地位·原则：**教育职业必须具有一个能更好地适应现代教育体系的结构，并由教育职业本身来发展这种结构，否则，它在将来就不能完成它的任务。**建议：**立法机关、职业团体、工会和社会活动都应该逐渐缩小和最终消灭各类教师之间存在的那种不合理的等级差别。”/第257页

——“**师资训练·原则：**目前教育工作者的基本任务之一，是要改变一切职业固有的精神状态和资格；因而他们应该首先准备重新思考和改变教育职业的标准和基本情况，因为在这个职业中，教

育与激励学生的工作正在稳定地取代单纯的讲课。”/第259页

——“**常规的与非常规的教育工作者·原则**：教育正在继续不断地发展，而成为一种全社会的职能，因此，越来越多的居民应该参加这项工作。**建议**：除专业教师以外，我们应号召来自其他行业的助手和专家（如工人、技术员、专业工作者、行政人员等）参加教育工作。教育当局还应取得中小学生和大学生的合作，在某些方式下，使他们去教导别人，同时教育自己，而且使他们懂得这样一个道理：在获取“智力资本”的过程中，这个智力资本的所有者有责任与别人共同享有这笔资本。”/第261页

——“**学习者在学校生活中的地位·原则**：现代教学，同传统的观念与实践相反，应该使它本身适应于学习者，而学习者不应屈从于预先规定的教学规则。**建议**：我们应使学习者成为教育活动的中心，随着他的成熟程度允许他有越来越大的自由；由他自己决定他要学习什么，他要如何学习以及在什么地方学习与受训。这应成为一条原则。即使学习者对教材和方法必须承担某些教育学上的和社会文化上的义务，这种教材和方法仍应更多地根据自由选择、学习者的心理倾向和他的内在动力了确定。”/第262页

——“**学习者的责任·原则**：如果任何教育体系只为持消极态度的人们服务；如果任何改革不能引起学习者积极地亲自参加活动，那末，这种教育充其量只能取得微小的成功。**建议**：所有的学习者，无论是青年还是成人，不仅应该在他们本身的教育中，而且

应该在整个教育事业中发挥他们负责的作用。”/第 265 页

——“概括地说，教育要进行必要的改造，就要求我们对教育的所有因素（理论与实践，结构与方法，管理与组织），从同一观点去完全加以重新考虑。

“有一些关于改革与变更的基本要求，在 70 年代我们可以根据这些要素开始我们的具体工作。这些基本要素可以概述如下：

“限制时间（规定‘学龄’时期）与限定空间（一定要在学校里面）的教育必须废除。学校教育不应被看作教育的终点，而应被视为整个教育活动的一个基本组成部分。教育活动既包括制度化的学校教育，也包括校外教育。有一部分教育应该是不拘形式的，并应为一种灵活多样的方式取代。必须避免过长的义务教育，过长的义务教育是某些国家力所不能及的。扩充继续教育，不应把它看作是由于初等教育平均年限较短而作的补充，简言之，我们必须把教育理解为一个终身存在的连续体。

“‘封闭的’教育体系应该变成‘开放的’教育体系。我们必须逐步淘汰初等、中等、高等三级教育之间严格的区分。一切近路和支路都应该纳入教育的渠道。

“我们应该特别注意促进学前儿童教育。在这项工作中，我们应该挑选和培埴家庭与社区联合这个最积极的形式。一切可利用的手段，包括常规的与非常规的手段，都应该用来发展基础教育。

“普通教育与技术教育应该协调一致。品德与智力的训练应该

和谐配合。教育与工作应该密切结合。技术应该既是内容，又是方法，而始终出现于教育过程之中。技术教育不必多花钱，对于技术教育，我们应该用校外职业训练加以补充，而且在许多情况下还可以取而代之。我们应该把训练活动组织起来，使它便于人们在职时重新受训，使它适应人们在各种专业之间的活动转换，使它能够产生从国民经济和受训者本人的观点看来都是最大可能的收获。我们应该避免狭隘的和过早的专业化。

“高等院校应该多样化。大学应该成为对成人和青年人开放的、具有多种目的的机构，一方面为了使学生专业化和从事科学研究，另一方面也为了使学生按时升级和继续接受训练。

“我们应该使教育管理民主化，而一般公众在教育决策中应该发挥巨大的作用。

“以上所述并不是一个对细节的详尽无遗的探索，但它可以为适合当前需要与可能并指出未来方向的教育活动提供一个轮廓。”/第276页

——“最后，对我们来说，唯一合乎常情的是，我们希望本报告中指导我们的种种理由也能引导联合国教科文组织尽力支持教育革新，推动它的理论研究与实践活动沿着那个方向前进——并因此而摆脱传统教育强加于教育机构、方法、课程计划、学生等方面的限制——以致教育可以扩大到满足个人与社会实质上无限的需要。”/第294页

三、《教育——财富蕴藏其中》

（联合国科教文21世纪委员会1996年发布；教育科学出版社1996年版）

本书是国际21世纪教育委员会主席雅克·德洛尔代表该委员会（15人）向联合国科教文组织提交的报告，概述了教育在终身学习社会中的核心任务。

——“终身教育概念看来是进入21世纪的一把钥匙。它超越了启蒙教育和继续教育之间的传统区别。它响应迅速变革之世界的挑战，有助于安排教育的各个阶段、规划各阶段之间的过渡、使途径多样化，同时提高每种途径的价值。”/第8页

——“改革在一定程度上获得成功的国家都是鼓励当地社区、家长和教师果敢地参与，而且，只有不断地对话并得到财政、技术或专业等各种形式的外援，这种参与才能持续下去。显而易见，当地社区在任何成功改革的战略中都占有首要地位。”/第14页

——“正规教育系统越来越趋向于优先提高抽象认识，这很不利于提高人的其它素质，如想象力，交往能力，对领导集体劳动的兴趣，美感或灵性，或动手能力等。”/第41页

——“教育应向儿童和成人提供有助于他们尽可能理解正在发生的变化的文化基础。这就要求对大量的信息进行筛选，以便更好

地解释这些信息，并从历史的角度看待各种事件。”/第 54 页

——“教育不仅仅是为了给经济界提供人才：它不是把人作为经济工具而是作为发展的目的加以对待的。使每个人的潜在的才干和能力得到充分发展，这既符合教育的从根本上来说是人道主义的使命，又符合应成为任何教育政策指导原则的公正的需要，也符合既尊重人文环境和自然环境又尊重传统和文化多样性的内源发展的真正需要。”/第 70 页

——“终身教育建立在四个支柱的基础上：学会认知、学会做事、学会共同生活、学会生存。学会认知，途径是掌握足够广泛的普通知识与深入研究少数学科结合起来。学会做事，以便不仅获得专业资格，而且从更广泛的意义上说，获得能够应付许多情况和集体工作的能力。学会共同生活，其途径是本着尊重多元性、相互了解及和平等价值的精神，在开展共同项目和学习管理冲突的过程中，增进对他人的了解和对相互依存问题的认识。学会生存，以便更充分地发展自己的人格，并能以不断增强的自主性、判断力和个人责任感来行动。为此，教育不应忽视人的任何一种潜力：记忆力、推理能力、美感、体力和交往能力等。”/第 87 页

——“家庭是一切教育的第一场所。并在这方面负责情感和认识之间的联系及价值和准则的传授。家长与教师之间必须进行真正的对话，儿童的协调发展要求学校教育和家庭教育互相补充。”/第 96 页

——“博物馆或图书馆等文化机构有加强其教育使命的趋势，它们不再局限于自己的科学使命或保存遗产的使命。学校系统有同上述文化机构进一步合作的趋势。学校应利用电视促进学生对博物馆、剧院、图书馆、电影院以及对本国特有的所有文化场所的了解，以使未来的成人具有审美观和不断接触各种人类精神作品的愿望。”/第 99 页

——“终生教育的概念是进入 21 世纪的关键所在。它超越了启蒙教育和继续教育之间的传统区别。它与另外一个往往先进的概念——教育社会的概念联系在一起。在教育社会中，事事都可成为学习和发挥才能的机会。”/第 102 页

——“在发展中世界的大部分地区，高等教育近十年来一直处于危机之中。学生人数和高等教育机构数目的增加导致高等教育开支日益增多。高等教育面临着伴随大众化而来的各种棘手的问题。然而，我们尚未拿出有效的办法迎接高等教育大众化这一挑战。因此有必要重新审查高等教育担负的使命。”/第 123 页

——“在任何情况下都应特别重视师生关系，因为哪怕是最先进的技术，也只能对师生关系（传授，对话和争论）起支持辅助作用。”/第 132 页

——“应从终身教育这一总的前景出发，重新思考中等教育。基本原则是安排多样的学习途径，永远不要关闭今后可能重回教育系统的大门。”/第 132 页

——“虽然教师的心理和物质状况因国家不同而大相径庭，但是如果‘终身教育’完成委员会为其确定的、旨在促进社会进步和加强人民之间相互了解方面的中心使命，就必须提高教师的地位。老师应被社会公认为师表，并应有必要的权威和相应的工作手段。”/第147页

——“终身教育直接导致学习社会的概念。这是一种提供各种各样的学习机会、使人既能在学校也能在经济、社会和文化生活中进行学习的社会。由此，就必须与家庭、经济界、各种协会及文化生活中的主角等多加商讨，加强合作。”/第147页

——“知识和技能更新这一迫切需要也与教师有关。他们的职业生活应该安排得使他们有能力，甚至有义务去提高他们的本领，以及能够从种种经济、社会和文化生活领域所开展的实验中得到教益。一般是在多种形式的学习假、休假和年假期里提供这类可能性。这些方式经适当变通后，应扩展到每一位教师。”/第147页

——“大体上说，在国民生产总值用于教育的比例尚未达到6%的国家，教育经费无论如何不应低于这个百分比。事实上，教育的发展有助于与所有不安全因素作斗争：失业、社会排斥、国与国发展不均等、种族冲突或宗教冲突等。应该牢记教育不仅是一种社会开支，还是一种会产生长期效益的经济和政治投资。”/第161页

——“一个国家的发展特别取决于其就业人口是否能够利用复杂的技术和表现出创造性及适应精神，而这些能力在很大程度上又

取决于个人接受的启蒙教育水平。因此，教育投资是经济和社会长期发展的一个必不可少的条件，在危机时期应受到保护。”/第161页

——“教育的选择就是社会的选择。委员会主张采取措施吸收社会上各有关个人和机构参与教育决策；并认为，行政管理下放和学校拥有自主权在大多数情况下均能促进革新的发展和推广。”/第173页

——“在全世界，妇女已成为第一线的经济参与者，对妇女和女青少年进行教育是对未来的最好投资方式之一。不管是为了改善家庭的健康状况，还是为了提高儿童入学率或改善社区生活，各个社会只有通过教育母亲和普遍提高妇女地位，才最有可能看到自己的努力达到目标。”/第177页

四、《“新基础教育论”——关于当代中国学校变革的探究与认识》

（叶澜著，教育科学出版社2006年版）

——“教育理论研究与教育实践发展之间是否能建立起具有内源性的关联，是当代中国教育变革能否走向成熟、取得成功的不可缺少的保证。”/第120页

——“自20世纪80年代中期起，中国社会当今的改革是社会

转型性变革的结论，已经成为国内外的共识。事实上，也正因为有党中央对变革性质的深刻把握，才使这场变革能在近 30 年的进程中，尽管遇到许多曲折艰难，但始终坚持进行，并产生了深度变革的效应。”/第 127 页

——“终身教育作为当代社会发展对教育制度变革的历史性要求，必须渗透在教育体系中的任何一个组成部分。在未认清“终身教育”之真谛，即认清教育制度应建立在为个人生命终身发展服务，并以对生命不同阶段的连续性、整体性和相关理解和尊重作为基本依据之前，所作出的教育系统的设计，很难在核心意义上完成现代教育制度建设的任务。”/第 129 页

——“正是终身教育的理念，不仅要求改变整个教育系统的结构功能与价值取向，而且要求重新审视和确定基础教育对人的终身发展价值。”/第 130 页

——“当前中国的基础教育，就是为更新国民素质基础构成服务的教育。这是一个十分的艰巨的历史任务，是教育改革落实到人的个体发展上的深层变革任务，也是惟有通过基础教育才能完成的任务。”/第 138 页

——“基础教育不再只是为入学者提供进入高一级学校或就业奠定基础的教育，而是全民教育的起步阶段；教育不再满足于培养能在众人中胜出的少数精英，而是要成为面向大众的人生教育。这是中国教育的价值取向从仅仅服务于选拔的精英教育向满足全民教

育需求的大众教育转型的重要起步。”/第139页

——“在他们看来，似乎大众就意味着低水平和划一，精英就意味着脱离大众和特殊化地养成。殊不知，给一切需要接受教育的人提供建立在当代文明基础上的、多样化且有助于健康个性发展与养成的当代基础教育，是当代精英所必须的最基本的教育要求；当代精英的构成也不只是处于社会最高层次的极少数人，而是指在不同社会组织、职业中，在不同的层面上极富活力和创造力、有成效和业绩，既能把握自己命运，又能引领所在群体共同发展的人。”/第139页

——“今日的教育改革要面向最多数的人，使一切人有可能享受有助于自身发展的教育，在一定意义上也是为每个可能成为的精英的人提供教育的支持。2004年中国大学生中贫困家庭学生数占学生总数约20%，这是历史上从未有过的规模。它从一个侧面说明了大众教育的价值：有可能通过教育产生出更多来自不同社会背景的优秀人才。”/第140页

——“惟有尊重个体发展的大众教育，才会为社会提供充满生机和活力的一代新人。”/第140页

——“中国社会的发展不能没有人文精神的支撑，不能丢失五千年文明古国赖以生生不息的民族文化精神的支撑。面临着在全球文化沟通的背景中，把握当代人类社会精神文化发展走向的前提下，创建本国富有时代精神和民族物质的、滋养新人的当代新文

化，对新一代个体的精神文化面貌和人文素养提出了时代要求：他们对于民族文化，不是封闭背景下的坚守，而是开放比较前提下的认同、发扬与更新创造；是一种有根的壮大，不是无根的漂泊；是种自信的发展，不是自毁的湮没。”/第 141 页

——“中国要走出社会转型期中的文化、价值迷失，创造民族文化精神的新价值，不能不关注和不依靠教育的文化清醒和新人的培养。教育在个体精神、道德生活的价值取向上，也需要有超越历史和现实冲突的转型性变化。”/第 142 页

——“新的国民素质若要实现，无论是在群体层面，还是个体层面，都呼唤学校教育的深刻转型性变革。它首先涉及到培养目标的重新设计，又必然要求为实现培养目标的一切相关方面的转型性变革。”/第 143 页

——“任何社会组织的内部都要具有以培养或有助于培育、增强新的国民群体素质和个体素质的学习和教育的功能。从这个意义上可以说，教育的社会功能与个体功能需要和谐共济、相辅相成。教育的社会化和社会的教育化之双向展开，将成为人类教育发展进入新历史阶段的重要特征。”/第 143 页

——“教育观念与理念的变革是教育实践变革的先导，它产生于对现实社会发展变化性质的深度感受，对未来社会需要怎样教育的理解，对教育现实中存在的问题和弊端的透视，以及由此而生的教育中一系列基本理论的重新思考，形成有关教育的一系列新的理

念。教育观念与理论的变革，又随教育变革中呈现出的具体问题和经验生成而展开、具体化和发展，还可能进而转化为策略、行为乃至技术。”/第 144 页

——“无论是教育的宏观变革，还是学校教育的内部变革，都不能没有教育观念的变革。或者说，没有观念的系统变革，就没有深入的、自觉的、富有成就的实践变革。”/第 144 页

——“学校重建，是 21 世纪中国基础教育变革的必然走向。说其必然，不只是因为任何教育变革最终都要聚焦和落实到以直接培养人为不可推卸的社会责任的学校中，还因为当代中国的中小学教育，无论在观念方面实践方面，基本上还处在近代工业社会时所创建的学校形态的束缚之中，若不转换，无法从根本上适应当代社会的需要。”/第 170 页

——“**价值提升：**在近代型学校中，受教育者被视为知识的承受者；在现代型学校中，受教育者被视为自我发展的承担者。因而，从传递知识为本转向以培养人的健康、主动发展的意识与能力为本，是现代型学校价值提升的核心构成。”/第 231 页

——“**重心下移：**首先在教育对象与目标方面要实现重心下移。学校不是只关心少数“尖子”学生，为高一级学校培养专门化的、精英式的人物服务，而应致力于每一个学生的主动性、健康发展，为学生的终身学习与发展奠定坚实的基础。”/第 233 页

——“其次是教学内容方面的重心下移。将近代型学校中仅以

为进入学术象牙塔作准备的学科知识为主的教学内容，改变为学科领域知识与生活领域、职业实践领域、科学技术领域、人生领域等方面沟通的课程体系。/第 234 页

——“最后，重心下移还指管理重心的下移。承认学校作为专业性教育机构、教师作为专业人员对学校教育实践的自主管理权，并须从法律上给予切实保证。”/第 234 页

——“**结构开放：**重心下移与结构开放存在着互为因果、相互促进与转化的内存联系。重心下移是从学校教育权力重心的“高”度上来看整体形态问题，结构开放则是从学校与外部环境的关系，学校内部组织和成员在实践中的相互关系的角度来描述学校教育的整体形态。第一是向外的，包括对网络、媒体的开放，对社区、社会的开放，以及学校间、相关教育机构的相互交流开放。第二是指学校内部开放，学校管理向师生的开放；教育、教学活动向学生发展的可能世界开放。”/第 235 页

——“**过程互动：**它以承认教师和学生是教育活动的复合主体为前提，呈现多元、多层、多向、多群的状态，不只是局限在一类教育活动同时空中的互动，而是包括学校各项实践活动中和领域间也应有的互动，通过互动提升教育的质量和产生渗透综合效应，教育活动过程因互动而创生，师生的主动性和创造力的发展，也只有在教育过程的积极互动中才能实现。”/第 236 页

——“**动力内化：**发展动力的转换是学校变革最深层次的转

换。动力内化意味着学校形成自己内存的发展需求、动机和动力机制。学校只有具备了内在动力，认识到教育内存的使命和力量，认识到教育是直面生命、通过生命、为了生命的人类伟大而特殊事业时，才会把教育中具体人的健康、主动的发展看作既是目标，又是过程和动力。认识到只有把内在的价值与动力调动、开发出来，才会在应对外在需求时保持主动、善于选择且不丢失自己的相对独立性。”/第 237 页

——“一个善取善予的领导者，是一个让每个人都有主体和主人感的领导者。德普克从人事管理的角度论述了这一点。他认为：‘自我管理是人事方面的一场革命。这场革命向个人尤其是知识劳动者提出了前所未有的新要求。就基本内容而言，它要求每一个知识劳动者像首席执行官那样思想和行动’。”/第 341 页

——“一个墨守成规的教师对于学生创造力的发展无疑是一种近乎灾难的障碍。马克思在论及职业选择时，曾写过一段令人难忘的名言：‘能给人以尊严的只有这样的职业，在从事这种职业时，我们不是作为奴隶般的工具，而是在自己的领域内独立地进行创造’。”/第 341 页

——“‘新基础教育’主张建立的新型师生关系，是以师生相互在人格上的尊重与关爱，在认识上的理解与沟通，在行为上的自主与协同，以及教师的积极导引和学生的主动发展相结合等为特征的，富有教育性的民主、平等、合作的师生关系。”/第 386 页

——"'新基础教育'追求的学校效应概括为四句话：'把课堂还给学生，让课堂充满生命活力；把班级还给学生，让班级充满成长气息；把创造还给教师，让教育充满智慧挑战；把精神发展主动权还给师生，让学校充满勃勃生机'。这四名话，因十分有针对性，且形象、生动地勾勒了转型前后学校日常实践的不同形态，呈现了'新基础教育'理念所追求的'生命活力'、'教师智慧'、'学生成长'和'主动发展'等主题词，而为广大实验学校的师生熟悉，在更广的范围内被接纳。"/第3页

五、《教育的目的》

（英国艾尔弗里德·诺思·怀特海1929年著；

庄莲平、王立中译注；文汇出版社2012年版）

——"我们的目标是，要塑造既有广泛的文化修养又在某个特殊方面有专业知识的人才，他们的专业知识可以给他们进步、腾飞的基础，而他们所具有的广泛的文化，使他们有哲学般深邃，又有艺术般高雅。"/第1页

——"我们必须要记住：自我发展才是最有价值的智力发展，这种发展通常在16岁和30岁之间发生。训练这种自我发展，最重要的应该是12岁之前从母亲那里所受到的教育。"/第1页

——"就教育而言，填鸭式灌输的知识、呆滞的思想不仅没有

什么意义，往往极其有害——最大的悲哀莫过于最美好的东西遭到了侵蚀。”/第2页。

——“知识的唯一用途，就是武装我们的现在，没有比轻视现在对年轻人的危害更大的了。现在包涵了一切。现在是一个神圣的所在，因为它既联系着过去，又包含着未来。”/第4页

——“当我们转而考察科学和逻辑方面的教育时，我们必须记住：不能加以利用的知识是相当有害的。”/第6页

——“不管学生对你的课程有什么样的兴趣，这种兴趣必须在此时此刻被激发；不管你要加强学生的何种能力，这种能力必须在此时此刻得到练习；不管你想怎样影响学生未来的精神世界，必须现在就去展示它——这是教育的金科玉律，也是很难去遵循的一条规律。”/第10页

——“教育的问题是——如何让学生借助于树木来认识树林。”/第11页

——“我相信，在教育中如果排除差异化，那就是在毁灭生活。”/第15页

——“教育改革的第一要务是，学校必须作为一个独立的单位，必须有自己的经过批准的课程，这些课程应该根据学校自己的需要由其自己的老师开发出来。”/第20页

——“一所大学的理想，不是知识，而是力量。大学的职责就是把一个孩子的知识转变为一个成人的力量。”/第38页

——“在古代的学校里，哲学家们渴望传授智慧，而在现代的大学里，我们卑微的目标却是教授各种科目。从古人向往追求神圣的智慧堕落为现代获取各个学科的教材知识，标志着在漫长的时间里教育的失败。”/第41页

——“智慧是掌握知识的方法。它涉及知识的处理，确定有关问题时所需知识的选择，以及运用知识使我们的直觉经验更有价值。这种对知识的掌握就是智慧，是可以获得的最本质的目的。”/第42页

——“在很大程度上，通过书本学习得到的通常是第二手信息，因此，书本知识永远不具有那种亲身实践的价值。”/第68页

——“学生是有血有肉的人，教育的目的是为了激发和引导他们的自我发展之路。”/第142页

——“不能让知识僵化，而要让它生动活泼起来——这是所有教育的核心问题。”/第8页

六、《爱弥儿》

（法国让·雅克·卢梭1762年著，方卿编译，

北京出版社2008年版）

西方世界最完整、最系统的教育论著。

——“我们对儿童的教育从观念上就错了，我们用成年人的思

维对待孩子，我们用成年人的方法教育孩子，其结果必然是误入歧途。”/第1页

——“大多数人相信洛克的理论：以理性去教育孩子。但在我看来，理性教育只能教出更傻的孩子。如果孩子已经懂得了道理，那么，接受教育就没有必要了。洛克的错误是：把目的当成了手段。”/第27页

——“儿童就要有儿童的样子，如果打乱了这个顺序，只能结出早熟的果实，既不丰满也不甜美，很快会腐烂掉。如果让我选择，我宁愿让孩子身强力壮，也不愿让他有超越年龄的理性。”/第28页

——“人类的本能和最原始的情感是以自身为中心的，所以，人的正义感不是源于我们怎样对待别人，而是产生于别人怎样对我们。传统的教育方法容易犯一个错误，对孩子们只讲他们的责任，却从来不讲他们的权利，所以，这种教育方法从本质上就颠倒了。”/第33页

——“人是善于模仿的，之所以模仿别人，是因为人类内心深处有超越自我的意识存在。在这一点上，动物也是如此，所以，我认为模仿来的美德，与训练猴子表演没有多大区别。”/第37页

——“要记住，人之所以误入迷途，并不是因为无知，而是由于他自以为是。”“伟人绝不会滥用他们的优点，他们最大的优点是有自知之明”。/第63页、92页

——“教育的最高境界应当是使学生自觉自愿地、充满乐趣地

获得有用的知识。老师有自尊，但也要充分调动学生的积极性，要让他有机会说：我想一想，我懂了，我明白了……”/第93页

——“中国有句古老的谚语：读万卷书不如行万里路。滥读书的结果只会培养自以为是的书呆子。那样的书读多了，反而使我们看不懂大千社会这本书了，这本书充满了哲理和智慧。”/第149页

七、《反思教育》——向“全球共同利益”的理念转变？

（联合国科教文组织，2015年发布；

教育科学出版社2017年出版）

——“这是一部在人文主义教育观和发展观的启迪下完成的作品，以尊重生命和人类尊严、权利平等、社会正义、文化多样性、国际团结和为创造可持续的未来承担共同责任为基础，而这些正是人性的基本共同点。”/第1页

——“我们应将全人类视为一棵树，而我们自己就是一片树叶。离开这棵树，离开他人，我们无法生存。帕布罗·卡萨尔斯（西班牙大提琴家和指挥家）”/第12页

——“当今世界的教育和发展前途要求促进不同世界观之间的对话，以期整合源自不同现实的知识体系，确定我们共同的遗产。在国际教育问题的辩论中，需要倾听来自发展中国家的声音”/第23页

——“教育的经济功能无疑是重要的。但是我们必须超越单纯的功利主义观点以及以众多国际发展讨论体现出的人力资本观念。

教育不仅关系到获取技能，还涉及尊重生命和人格尊严的价值观，而这是在多样化世界中实现社会和谐的必要条件。”/第29页

——“更令人关切的是，由于当前的社会挑战，学习的四大支柱正面临严重的威胁，特别是‘学会做人’和‘学会共处’这两大支柱，而这最能反映出教育的社会功能。在学习过程中强化伦理原则和价值观，对于保护人文主义教育观的这些支柱至关重要”/第31页

——“维护和增强个人在其他人和自然面前的尊严、能力和福祉，应是21世纪教育的根本宗旨，这种愿望可以称为人文主义，是联合国科教文组织应从概念和实践两方面承担起的使命”/第28页

——“面对这个瞬息万变的现实世界，我们需要重新思考指导教育治理的规范性原则，特别是受教育的权利和以教育为公共利益的概念。事实上，在国际教育讨论中，我们往往将教育作为一项人权或是一项公益事业。因此，在关于教育目的的讨论中，对于知识（通过学习获得的信息、理解、技能、价值观和态度）的关注无一例外地成为核心内容”/第3页

——“知识的创造及其获取、认证和使用是所有人的事，是社会集体努力的一部分。共同利益的概念让我们能够摆脱‘公共利益’概念所固有的个人主义社会经济理论的影响。在界定什么是共同利益时，强调参与过程，其中考虑到环境背景、福祉概念和知识生态系统的多样性。知识是人类共同遗产的固有组成部分。要在相互依存日益加深的世界中实现可持续发展，就应将教育和知识视为全球共同利益”/第3页

后　记｜为了感恩

2015 年是我任教师、校长各 25 年的一个节点。几位老朋友秘密为我策划“从教 50 年”的活动。得知这一消息，我思绪翩翩。按理说 10 年前就该退下，但实际仍在忙碌办学，是什么力量延长了我的职业生命？我想起了中国人常挂在嘴边的一句感叹：“遇到贵人了！”事实上，任何人的一生没有“贵人”相助难成其事，尤其是事业的成败，不完全取决于个人能力。

二三十岁年轻时心壮气盛，虽有能力显现但也常犯低级错误，所以我要感恩水碓子小学金文英、呼家楼中心小学栾兴家、香厂路小学张福田、北京小学陈玉华四位校长贵人。

1990 年开始担任校长职务，得到前辈贵人韩作黎、方明、姚幼均的办学指导，尤其在陶春辉、张春山、谢嘉平、王永新、郑然等领导的直接帮助下才站住了校长的位置。1994 年调到北京小学主持工作，高起点的办学亟须各方贵人的支持，所以我不会忘记陶西平、范远谋、徐锡安、耿学超、李观正、罗洁、关国珍、高子忠、张军、牟东琪的指导，更不会忘记办学的思想导师杨文荣、裴娣娜、叶澜、陈孝斌等教授的理性教诲，还有令人敬佩的孔祥东、张路、钟秉林、鞠萍、张光缨、张静莲、王春明、孙心若、孟大鹏、李多宽等各方专家的积极辅助。

1999年之后的跨区域、跨省市的办学，更是离不开贵人们的相助。所以我非常感恩贵阳市人大张朝湘副主任、小教处阮本惠、中天企业鲁石和唐洁的密切合作；非常感恩成都市成华区曹晓琼、李香贵、蔡达林等副区长，以及毛军、叶树文、谢梅等教育局领导的充分信任；非常感恩北京大兴区李达、李克仁、荣俊艳、李广成、王学军、周爱彬等领导所一再创造的机遇，也非常感恩万年花城董事长于万波、华润经理孔百胜、融创地产岳冬青所给予的建筑支持。

我的母亲曾告诉我离“贵人”最近的职业是教师和大夫。不知感恩怎么能学做离贵人最近的人呢！所以，用本书来记录他们成就各所小学发展的足迹，是对贵人们应有的回报！感恩他们铺就了我们共同的教育梦想，感恩默默无闻在背后帮助我成长的所有贵人们，谢谢！

吴国通

2018年12月